나는 부자 엄마가 되기로 했다

나는 부자 엄마가 되기로 했다

내 가족의 미래가 바뀌는
아주 특별한 투자 수업

엄지언 지음

21세기북스

엄마니까,
엄마라서,
부자가 될 수 있다

나는 돈이 좋다. 돈이 많은 걸 해결해줬다. 육아로 힘들었을 때 놀이 시터를 고용했다. 한 시간에 2만 원을 지불하면 놀이 시터가 아이와 노는 동안 나는 방에서 잠시 숨 돌릴 수 있었다. 엄마 바짓가랑이 붙잡고 우는 아이 달래느라 요리도 못 할 때 요리 전문가를 불러 네 시간에 5만 원을 지불하면 일주일 치 요리를 해주고 갔다. 매일 우는 아이 때문에 힘든 나와 날카로워진 남편을 달랜 것은 오른 부동산 가격과 주식 배당금이었다. 육아할 때 돈은 필수다. 돈은 내게 필요한 도움을 빠르고 쉽게 가져다주는 매개체다.

나는 돈이 싫다. 어릴 때 가난하게 자란 걸 떠올리면 몸서리를 친다. 매일 새벽에 일어나 연탄을 갈았다. 한겨울이면 집이 너무

추워서 집 안에서도 입김이 났다. 후줄근하게 입고 다닌다고 무시당하는 게 서러웠다. 초등학교 때 찹쌀떡을 팔았던 기억부터 하기 싫은 일을 하느라 힘들었던 기억까지. 잦은 부부 싸움의 원인도 돈이었다. 돈이 정말 원수 같다.

나는 돈이 좋기도 싫기도 했다. 내 평생을 뒤흔든 돈이 얄미웠지만 인정해야 했다. 돈은 지긋지긋하지만 필수불가결한 요소다. 그래서 결심했다. 더 이상 휘둘리지 않겠다고, 이제부터는 내가 돈을 지배하겠다고. 그러려면 돈을 잘 다루는 법을 배워야 했다. 진정한 돈 공부를 그때부터 시작했다. 첫째 아이를 낳고 가장 힘들 때였다.

2009년 4,500만 원에 마이너스통장 대출을 보태 월세 20만 원으로 신혼살림을 시작했다. 아이 낳을 즈음 보금자리대출을 받아 내 집 장만을 했다. 2015년 돈 공부를 시작하면서 적금 100만 원을 깨 주식을 시작했다. 남편이 모아둔 돈으로는 작은 부동산에 투자했다. 5년 후 나는 억대 주주가 되었고 집과 투자부동산은 모두 3배 이상 상승했다. 같은 시기 투자한 채권은 연평균 5~10% 수익률을 달성했으며, 2018년 암호화폐 폭락 때 투자한 암호화폐는 7배 넘는 수익을 달성했다. 장기 보유한 한국 주식과 미국 주식은 5배, 6배가 되기도 했다. 주식, 채권, 암호화폐, 부동산 등 하지 않은 공부가 없다. 2020년 금융 자산으로 최저생활비 조달이 가능한 1차 경제독립을 이뤘다. 현재 나는 20억대 자산가다. 지금도 내 자산은 늘어나고 있다.

2019년 〈매거진 한경〉이 리서치 전문 업체인 오픈서베이와 함께 20대 이상 남녀 400명을 대상으로 한 설문조사를 보면, 4명 중 3명은 평생 부자 되기가 어려울 것이라고 답했다. 나머지 1명, 약 25%만이 여전히 부자를 꿈꾸고 있다고 답했다. 당신은 4명 중 포기한 3명에 속하는가, 아니면 아직도 희망을 가진 한 명에 속하는가?

부의 양극화가 극심해지고 있다. 부자로 가는 사다리를 걷어차였다는 탄식이 곳곳에서 터져 나온다. 열심히 공부해 좋은 대학을 나오고 좋은 직장에 들어간다. 월급으로 열심히 시드머니를 모아 내 집 마련을 하고 부동산에 투자해 돈을 불린다. 자녀들을 열심히 공부시킨 후 은퇴하고 여유롭게 살아간다. 이것이 많은 사람이 그려온 미래다. 그러나 냉정하게 말하자면 그 사다리는 끊겼다. 돈을 버는 루트는 예전 같지 않다. 하지만 나는 말한다. 지금은 단군 이래 돈 벌기 가장 좋은 때다.

일생일대의 기회가 왔다고 생각한다. 지금은 판이 바뀌는 때다. 4차 산업혁명을 눈앞에 두고 있기 때문이다. 역사적으로 2차 산업혁명, 3차 산업혁명 때는 이렇게 많은 책이 쏟아지지 않았다. 관련 사업을 하는 기업에 일반인이 주식 투자하기도 어려웠다. 하지만 지금은 일반인에게도 정보가 넘쳐난다. 조금만 준비하고 공부하면 기회를 거머쥘 수 있다. 변화에 빠르게 적응하는 것이 부자 되기의 핵심이다.

그래서 나는 주식 공부를 했고 암호화폐에도 일찍 진입했다. 고전적인 채권과 부동산에 진지를 구축하고, 이곳에서 돈이 되는 곳으로 흐르도록 길을 만들었다. 한 분야에 통달한 사람은 많지만 나처럼 멀티 플레이어는 많지 않을 것이다. 그만큼 자투리 시간을 활용해 열심히 제대로 연구했다. 진작에 이렇게 공부했으면 하버드 대학에 갔을 것이다.

사실 나도 예전엔 4차 산업혁명에 관심조차 없었다. 당장 먹고 살기 바빠 죽겠는데 미래에 무슨 관심을 두겠는가. 그런데 아이 덕분에 관심을 갖게 되었다. 4차 산업혁명 인재와 교육에 관한 육아서를 읽은 것이 계기였다. 그 후로 인공지능에 관한 책도 읽었고 코딩지도사 자격증까지 땄다.

코로나19 이후 사람들의 삶은 크게 바뀔 것이다. 부동산의 패러다임도 달라진다. 실존 현실에서 가상현실로 흐름이 바뀌고, 혁신적이고 탄탄한 기업들이 새로운 리더가 될 것이다. 부디 당부한다. 이 기회를 놓치지 마라. 위기는 늘 기회가 되었다. 빠르게 적응한 사람들은 그 대가로 부를 얻었다.

공부하는 만큼 움직여라. 백날 공부보다 실행력이 중요하다. 시간이 아까워서 움직이지 않을 거면 차라리 공부하지도 마라. 그리고 마지막으로 생각하는 능력을 키워라. 세상은 크게 변한다. 그 어느 때보다 혼란스러울 것이다. 하지만 통찰력으로 중심을 잡아라. 위기에 숨겨진 기회, 공부한 만큼의 실행력 그리고 생각하는 능력, 이 세 가지를 잊지 마라.

엄마가 되고 처음 몇 년은 부를 축적할 좋은 시기다. 세상에 알려진 수많은 이론이 유독 내 아이에게만 적용되지 않는다. 자연스레 아이의 눈을 바라보게 된다. 내가 어떤 인간인지 생각하게 된다. 세상의 잡음에서 벗어나 진리를 추구할 좋은 기회다.

육아를 통해 길러진 엄청난 인내를 어디다 써야 할지 모를 것이다. 그 인내가 가장 제대로 쓰일 곳이 있다. 바로 투자다. 공부하고 실행하고 기다리는 것, 투자는 그 삼박자가 맞으면 된다. 열심히 육아하다 보면 시간이 훌쩍 지난다. 시간이 지난 만큼 내 계좌도 뚱뚱해질 것이다. 마지막으로 내가 진짜 하고 싶은 걸 하라. 부모님이 바라던 전공, 사람들이 멋지다 여겨주는 직업 말고 진짜 내가 하고 싶던 것. 거기에다 돈 공부를 하라. 만약 내가 하고 싶은 게 돈 공부라면 그야말로 금상첨화다.

당신 바로 앞에 새로운 부의 사다리가 놓여 있다. 이제 그 사다리에 올라가기만 하면 된다. 아는 만큼 보이는 법이다. 지금부터 내 이야기를 따라오라.

2021년 8월
엄지언

PART 1 부자 엄마는 왜 좋은 엄마인가

PART 2 부자 엄마의 좋은 주식

PART 3 부자 엄마는 '알짜 부동산'만 소유한다

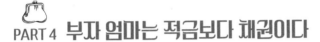

PART 4 부자 엄마는 적금보다 채권이다

PART 5 부자 엄마는 암호화폐도 공부한다

PART 1

부자 엄마는
왜 좋은 엄마인가

돈 없어도
아이 잘 키울 수 있다는 거짓말

　　형편이 넉넉하다고 가정해보자. 임신하고 많은 사람의 축복 속에 하던 일을 잠시 쉰다. 아이를 낳고 1인 모자동실에 들어간다. 육아 도움을 받으며 산후조리를 충분히 하고 마사지도 매일 받는다. 집에 돌아가서도 파트타임으로 육아 도우미를 고용한다. 내가 주도권을 잡되 일정 부분 도움을 받는다. 아이와 애착을 충분히 쌓으며 힘들 땐 쉴 수도 있다. 요리나 집안일도 도우미에게 일부 맡긴다. 이렇게 3년간 아이를 돌보며 커리어를 쌓거나 사업 아이디어를 구상한다. 아이가 무사히 커서 기관 생활을 시작하면 즐거웠던 육아를 마무리하고 사회로 다시 나가 일을 시작한다.

이 얼마나 꿈같은 이야기인가. 대체 왜 나는 이렇게 못하는 걸까. 치사하고 더럽지만 까놓고 얘기하자. 속물이라고 해도 어쩔 수 없다. 이게 없기 때문이다. '돈.'

6번 유산을 한 뒤 나는 '습관성 유산'이라는 병명을 얻었다. 아무리 노력해도 되지 않아 입양도 알아보았지만 남편은 극구 반대했다. 하루 종일 펑펑 운 날, 나는 대리모 출산까지 알아보았다. 그러다 시험관 시술로 기적 같은 첫째 아이를 얻었다. 수정란을 이식하기 전 물 떠 놓고 손 꼭 붙잡으며 남편과 기도했다.

너무나 귀하게 얻은 아이였다. 아이가 아무리 울어도, 아이 때문에 잠을 설쳐도 예뻤다. 화가 머리끝까지 나다가도 수그러들었다. 아이는 존재만으로 축복이고 기적이었다. 초롱초롱 눈망울만 보면 감사가 절로 나왔다. 하늘이 주신 귀한 아이라는 생각이 들었다. 잘 키우고 싶었다. 정말 최선을 다했다. 남편에게 3년만 키우고 일하겠다고, 이 시간이 나에게 너무 소중하다고 말했다.

내 마음처럼 오직 사랑만으로 모든 일이 가능하면 얼마나 좋았을까. 출산 후 50일쯤 지났을 때 나는 허리를 삐끗했다. 백일 즈음에는 왼쪽 손목이 나가고, 그다음에는 오른쪽 손목이 나갔다.

500원짜리 동전만 한 정수리 원형탈모는 애교였다. 두드러기에 안면마비에, 하루 종일 우는 아이 안아 달래다가 무릎까지 나갔다.

내가 죽기 일보 직전이니 남편까지 일을 그만두었다. 내가 너무 힘들면 남편이 아이를 받아 달래기를 반복했다. 시간이 지나면 좀 나아질 줄 알았다. 그런데 날짜가 지나면 지날수록 더 힘들어졌다. 통장에 돈은 바닥나고 불안은 커졌다. 돈 때문에 유독 힘들어하는 남편, 하루 종일 지친 나, 아직 어린 아이… 다툼이 잦아졌다.

결국 돈이 문제다

돈. 그것만 있었으면 남편이랑 그렇게 싸우지 않았을 텐데, 설사 남편이 뭐라고 하든 신경 껐을 텐데. 계속되는 싸움에 나는 휴전을 선언했다. 남편과 몇 날 며칠을 〈백분토론〉 버금가는 심도 깊은 대화를 나눴다. 결론은 돈이었다. 남편의 마지막 한마디, "돈 있으면 대부분 해결돼." 돈이 대체 뭔데, 나는 너무 서럽고 분했다. 다니던 학교도 그만두고 사업도 정리한 즈음, 하염없이 교보문고를 걷다 발견한 토니 로빈스의 《Money(머니)》라는 책에서 돈은 게임이란다. 내가 게임을 못한 것이었다니 억울했다. 왕년에 한 게임 하던 나는 돈을 마스터하기로 마음먹었다.

사람들은 돈이 전부가 아니라고 말한다. 그렇다. 돈은 전부가 아니다. 그런데 돈이 중요한 역할을 할 때가 있다. 그건 바로 어린아이를 키울 때다. 아이를 유명 기관에 보내고 고급 옷을 입히는 걸 말하는 것이 아니다. 가장 중요한 기본 생활권을 말하는 것이다. 아이를 낳고 돌보며 일 안 하고 편히 돈을 쓸 수 있는 사람이 과연 몇이나 될까. 만약 당신이 그렇다면 매우 행운아다.

내 어린 시절은 참 가난했다. 엄마와 아빠는 대학 들어가기 전에 나를 임신해서 어쩔 수 없이 결혼했다. 대학을 졸업하자마자 아빠는 회사를 다니기 시작했다. 하지만 집에 생활비를 제대로 가져다준 적은 없었다. 엄마는 인형 눈은 꿰매고 스팽글을 달며 생활을 유지했다. 엄마가 밖에 나가면 나와 남동생은 하염없이 텔레비전만 봤다. 아빠의 외도와 가정폭력으로 부모님은 결국 이혼했다. 이혼 후 살게 된 친할머니네는 더욱 사정이 좋지 않았다.

나와 남동생은 슈퍼에 가면 천 원에 가장 많이 먹을 수 있는 과자를 고르곤 했다. 봉지가 크고 과자가 많이 들어 있는 '양파링'은 우리의 단골 메뉴였다. 초등학교 때 임원이 되었지만 촌지를 받지 못한 선생님이 사소한 걸로 꼬투리 잡아 아이들 앞에서 내 뺨을 10분간 때렸다. 등록금을 제때 내지 못해 앞에 불려 나가 창피를 당한 적이 한두 번이 아니다.

돈, 돈, 그놈의 돈. 나는 세상이 정말 미웠다. 신은 없다고 생각했다. 어린 나에게 가난은 너무나 가혹했다. 실은 가난이 문제가 아니라 가난한 나를 대하는 어른들이 문제였을지도 모른다. 뭐가 됐든 가난은 아이에게 처절한 현실을 가르친다. 생존하려면 어떻게 해야 하는지. 거기엔 정의도 도리도 없다. 오로지 양육강식의 원리만 존재할 뿐이다.

　그런데 지금은 다를까? 무늬만 다를 뿐 지금도 별반 다르지 않다. 역사는 반복되는 것처럼 육아도 반복된다. 돈이 있으면 아이도 더 잘 키울 수 있다. 돈이 있으면 어린 시절도 더욱 풍요롭게 보낼 수 있다. 물론 돈으로 '만' 해결하려는 태도는 좋지 않다. 예를 들어, 사랑과 관심 그리고 스킨십과 상호작용 없이 장난감과 사교육으로 채우면 필히 아이에게 문제가 생긴다. 하지만 기본적인 것들이 제공되고 돈도 있으면 그것은 풍요로움이 된다.

돈으로 살 수 있는 것

육아를 하며 돈으로 교환할 수 있는 것들은 뭘까? 가장 중요한 것은 시간이다. 아이와 함께할 시간을 살 수 있다. 일하러 가야 해서 어쩔 수 없이 아이와 떨어지는 일이 없어진다. 도우미를 고용하면 내가 원하는 만큼 아이를 돌보고 쉴 수 있다. 짧은 시간 아이를 맡기며 엄마가 잠시 휴식 시간을 가지면 애착 형성에도 문제가 되지 않는다. 물론 일이 좋고 엄마만의 시간이 필요해서 일하는 것은 문제가 되지 않는다. 하지만 많은 엄마가 원하지 않는데도 돈을 벌기 위해 아이와의 황금 같은 시간을 잃는다.

　두 번째는 여유다. 아이가 당장 한글을 떼고 당장 숫자를 세지 않아도 된다. 머리에 피도 안 마른 어린아이를 어릴 때부터 가혹한 경쟁 사회에 밀어 넣지 않아도 된다. 공부 잘하면 좋다. 하지만 그렇지 않아도 괜찮다. 성공할 수 있는 길은 여러 가지다. 사업, 예체능 등 얼마든지 많다. 공부 잘해서 좋은 대학 가고 좋은 회사에 취직하는 건 오히려 부와 멀어지는 길일지도 모른다. 엄마의 자존심 때문에 아이를 몰아붙이는 게 아닌 이상 한 가지 길만 고집하지 않아도 된다. 아이가 좋아하는 것, 잘하는 것을 밀어줄 수 있는 여유는 대부분 돈이 있어야 생긴다.

마지막으로 건강이다. 나는 출산 후 50일 즈음 아이를 안다가 허리를 다쳤다. 당시 카이로프랙틱에서 허리 치료와 교정을 상담받았지만 돈 생각에 주저했고, 결국 짧게 끊어서 다녔다. 여유가 있었으면 더 오래 자주 다녔을 것이다. 둘째를 낳았을 때는 산후조리를 따로 못해서 밤마다 마사지를 받았다. 마사지를 어찌나 시원하게 하는지, 그때 살도 많이 빠졌다. 그런데 돈 생각에 더 자주 많이 받지 못했다. 돈과 직결되는 것이 바로 건강이다. 특히 육아할 때 틀어지는 건강은 돈으로 많은 부분을 해결할 수 있다.

육아에서 돈의 중요성을 이해하기 위해 개발도상국을 대상으로 한 연구결과를 언급할 수도 있겠다. 가난할수록 아이들은 방치되고 범죄율이 높아진다. 하지만 이는 너무 뻔하므로 브론펜브레너의 생태학적 체계이론을 거론해보겠다. 이 이론은 내가 아동발달을 공부하면서 배운 내용이다. 나는 육아를 하며 육아서 1천 권을 읽었다. 너무 열심히 공부하며 육아해서 버리기 아까웠다. 그래서 이 경험과 지식을 활용하여 뭘 할까 고민하다가 어린이집 교사가 되기로 생각했었다. 학점은행제로 자격증 취득에 필요한 아동학을 공부했다. 당시 이론을 배우고 깜짝 놀랐다. 모든 게 엄마 중심이던, 그래서 엄마 탓만 하던 기존 육아에 일침을 가하는 내용이었기 때문이다.

이 이론에 따르면 아이는 부모의 영향만으로 성장하는 것이 아니다. 부모와 아이를 둘러싼 환경이 큰 영향을 끼친다. 아이가 자

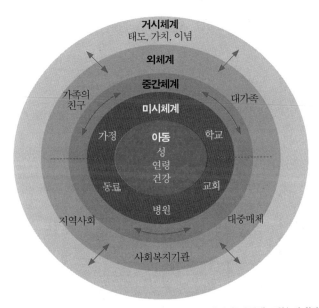

출처:《유아 발달》, 조형숙 외, 학지사, 2013

[브론펜브레너의 생태학적 체계이론]

주 접하는 기관 병원부터 부모가 속해 있는 직장도 포함된다. 거기서 만나는 사람들도 환경 요소다. 나아가 나라와 문화, 가치관 그리고 이들과의 상호작용 또한 중요하다. 부모가 전부가 아니라 부모도 이러한 환경의 일원이다.

돈을 공부하며, 경제는 그냥 배워서 아는 것이 아니라는 점을 깨달았다. 우리가 속해 있는 모든 사회는 이해 관계를 중심으로 돌아간다. 이익이 없으면 어떤 기관도 아이를 받아주지 않는다. 병원도 돈이 없는 환자를 받아줄 리 만무하다. 우리 자신도 돈을 주지 않는데 공짜로 일할 리 없다. 세상은 각자가 원하는 것을 얻기 위해 서로 연결되어 있으며, 이는 환경을 만든다. 풍요로움을 내가 소유하고 있으면 풍요로운 환경을 아이에게 제공할 수 있다.

육아할 때 주변의 도움은 필수다. 하지만 그 도움마저 이제는 돈으로 사야 하는 시대다. 옛날처럼 마을에서 함께 아이를 키우면 얼마나 좋을까. 친정이나 시댁 식구들과 내 아이를 함께 양육할 수 있다면 얼마나 좋을까. 나는 한때 친정과 시댁을 원망하기도 했다. 하지만 이해 못 하는 것도 아니다. 백세시대 부모님들은 바쁘다. 육아라면 다들 도망간다. 그러니 이제는 돈이 많은 걸 해결해주고, 따라서 육아하며 정말 필요한 것이 바로 돈이 되어버렸다. 이 현실을 비판할 수도 있겠지만 일단 받아들이는 수밖에 없다. 아이가 당장 내 바짓가랑이 붙들며 울고 있으니까.

그래서 나는 경험상 아이를 낳으면 가장 먼저 돈 문제가 생긴다고 말한다. 돈을 가진 사람과 가지지 못한 사람의 양육은 너무나 달라진다. 남편과의 사이도 그렇다. 물론 돈에 지배당해 사는 사람은 돈이 오히려 양육에 문제를 일으킨다. 그건 육아가 아니라도 어떤 면으로도 터질 문제일 것이다. 하지만 돈을 잘 활용하는 사람은 육아도 꽃길이 된다. 풍요로운 환경을 만들고 아이의 정서를 채울 수 있다. 아이가 진짜 원하는 걸 공부하게 할 수도 있다. 그러니 이제부터라도 돈 공부를 시작하자.

돈보다
어떤 삶을 살고 싶은지가 먼저다

        부자가 되겠다고 결심했다. 아이 밥 먹이다 옷에 노란 카레 자국이 묻은 어느 날이었다. 마음을 굳게 먹듯 헝클어진 머리카락을 질끈 묶었다. 기저귀를 찬 첫째 아이가 나를 말똥말똥 쳐다보았다.

    다시는 이렇게 지지리 궁상으로 살지 않겠다고, 흙수저의 대물림을 끊겠다고 호언장담하고, 결심을 써 붙이고, 필승을 다짐했다. 그리고 생각해보았다.

    '목표가 뭐야? 부자!', '그런데… 부자가 뭔데?'

이런… 쿵. 부자가 뭔지 나는 모른다. 부자가 대체 뭐지? 돈 많은 사람이라는 흔하디 흔한 대답 말고, 진짜 부자란 어떤 존재지? 드라마에서나 보던 모습? 돈이 너무 많아서 유산 때문에 형제자매 간에 싸움이 나던…. 이런 이런, 그건 안 되지. 아니면 돈만 많고 인정머리는 없던…? 아니, 그것도 안 되지. 그럼 더 현실적으로, 으리으리한 집에 살면서 운전기사가 있고 가사 도우미가 있어 손 하나 까딱하지 않는 삶? 하지만 나는 요리도 집안일도 즐거운데….

부자로 살아보지 않았으니 대체 부자가 뭔지 가늠하기 어려웠다. 그래서 먼저 기억을 더듬었다. 내가 잠시라도 부자의 삶을 누려본 경험을 찾기 위해.

'첫아이를 임신했을 때 마일리지를 모아 비행기 일등석을 타고 미국 친정집에 간 적이 있지. 그전에 여섯 번 유산했기 때문에 최대한 조심하려고 마일리지를 다 모아서 일등석을 탔어. 그때 일등석에서 쿠키를 줬는데 너무 맛있었어. 자꾸 먹을 걸 갖다줬는데 입덧 때문에 먹지 못해서 속상했었지.'

일등석을 처음 타보는 거라 '일등석 에티켓'이라고 검색해 일등석에서는 어떻게 행동해야 하는지도 찾아봤던 기억이 났다. 승무원이 말하는 부자들의 습관도 찾아봤더니 펜을 들고 다닌다고 했다. 오호라, 가방에 펜을 넣어야겠군! 지금 생각하면 유치해서 '이불킥'하게 되는 기억이다. 결국 인정해야 했다. 젠장, 나는 부자가 뭔지를 모르잖아.

가난에 익숙해진 나

돈이 많으면 뭘 할까? 생각이 나지 않았다. 나는 없이 사는 삶에 너무나 익숙해져 있었다. 가방 욕심도, 집 욕심도 없었다. 밥 먹고 살 수 있는 정도면 돼. 웃으면서 살면 돼. 나는 안 싸우고 행복한 게 제일 좋아. 돈 때문에 싸우고 이런 건 싫어….

수십 년의 가난은 나를 패대기쳤다. 나를 끊임없이 달구고 변화시켰다. 나는 수백 번 성찰했고 수백 번 다시 일어났다. 죽다 살아나기도 했다. 어느 날 돌아보니 나는 돈이 없어도 편히 살 수 있는 사람, 돈과 무관하게 행복할 수 있는 사람, 좀 힘들어도 인내하며 살 수 있는 사람이 되어 있었다.

그런데 아이를 낳고 상황이 갑자기 달라졌다. 밥 먹고 편히 자는 일상마저 사치가 되어버렸다. 나 혼자서는 돈이 없어도 검소하게 살 수 있었다. 그런데 아이를 낳고 보니 돈이 없으면 뭐가 안 되는 것이다. 남편이 가진 불안감은 불난 내 가슴에 부채질을 했다. 어떻게든 이 상황을 돌파해야 해. 내가 그동안 쌓은 걸 잃을 순 없어. 내가 어떻게 겨우 평범한 수준까지 왔는데…. 옛날 옛적 가난을 돌파했던, 그 발악하던 심정으로 나는 책을 붙잡았다.

부자가 되게 해준다는 책들을 보니 꿈을 생각하란다. 당장 현실이 막막한데 꿈이라니, 하지만 시키니까 일단 했다. 버킷리스트를 써보란다. 세계 일주, 캠핑카 여행, 제주도 별장 구매… 꾸역꾸역

한 10개를 쓰니까 생각이 막혀버렸다. 맙소사, 나는 꿈이 없었다. 바라는 것도 뭐도 없었다. 나는 그저 매일이 감사했다. 매일 이렇게 살아 있는 것만으로 행복했다. 현재에 충실하고 현재에 감사할 뿐이었다.

그런 생각을 하다가 깨달았다. 내가 너무 힘들게 삶았구나. 새삼 나에게 고마웠다. 잘 자라주어서 고맙다. 버텨주어서 고맙다. 미치지 않아서 다행이다. 그러다 보니 운이 좋다는 생각도 들었다.

하지만 그놈의 감사는 조금 내려놓기로 했다. 내 꿈이 무엇인지 나 자신에게 묻기 시작했다. 내가 바라는 삶을 그려보았다. 스스로를 재촉하지 않자 차근차근 하나씩 떠올랐다. 나는 마당이 있는 넓은 집에서 살고 싶었다. 우리 반려견 '깨비' 같은 유기견을 더 입양해 키우고 싶었다. 지금의 베란다 텃밭을 업그레이드해 유기농 텃밭을 꾸미고 싶었다. 나만의 정원을 만들고 싶었다. 문득 서울에서 전원주택처럼 살 수 있다는 고급빌라 생각이 났다. 검색해서 사진을 보고 더욱 확신이 생겼다. 그래, 이거야! 내가 그리는 부의 모습!

내가 탔던 일등석도 다시 기억났다. 부의 경험이 그것뿐이라니 안타까웠지만 쥐어짜듯 샅샅이 뒤졌다. 일등석을 타는 사람이 되고 싶었다. 옛날 이사할 때 컴퓨터를 들다 허리를 다쳤더랬다. 그때 오른쪽 허리가 살짝 삐끗했다. 오래 운전하면 아직도 종종 아프다. 비행기를 장시간 타면 꼭 그 허리가 다시 아파온다. 그런데 마일리지를 모아 일등석을 타보니 하루 종일 누워서 갈 수 있었다. 맛있는 것도 잔뜩 먹었다. 나는 이왕이면 일등석을 타는 사람이 되어야겠다고 생각했다.

그리고 육아도 일도 내려놓고 싶지 않았다. 두 마리 토끼 다 잡기가 나의 특기 중 하나였다. 그래서 나는 하루 네 시간 일하는 삶을 상상했다. 오전에는 열중해서 즐겁게 일하고 오후에는 아이들과 즐겁게 시간을 보내고 싶었다. 어릴 적 부모님과 떨어져 살며 서러웠던 기억이 나의 잠재의식에 남아 있는 게 분명했다. 다른 누구도 아닌 나를 위해서 육아와 아이 교육에 많은 시간을 할당하고 싶었다. 그러기 위해서는 꼭 부를 바탕으로 한 여유가 필요하다는 생각이 들었다.

목표하지 말고 꿈을 꿔라

50억 원을 벌고 싶다고 생각하니 초조해졌다. 그 숫자에 연연하기 때문이다. 오히려 상상이 차단되기도 했다. 하지만 내가 바라는 삶의 모습을 상상하니 달랐다. 기분이 좋아졌다. 휴대폰 사진첩에 새 폴더를 만들었다. '꿈 미래'라는 이름을 붙이고 내가 상상하는 나의 미래 사진들을 넣어놓았다. 넣어두고 힘들 때마다 그 사진들을 보았다. 보면 나도 모르게 입꼬리가 올라갔다. 상상만 해도 행복했다. 현실이 힘들 땐 그 폴더를 열어 잠시나마 즐거운 미래 속에 잠시 머무를 수 있었다.

투자 연수익 10%, 20% 혹은 막연하게 50억 부자, 100억 부자를 목표로 삼지 말자. 내가 원하는 미래를 구체적으로 이미지화하고 상상하자. 만약 50억 부자가 되고 싶다면 50억 부자는 어떻게 사는지 삶을 상상하는 것이다. 예를 들어, 나는 비행기 일등석을 탈 정도가 되려면 성공한 사업가나 투자가 혹은 공인 정도가 되어야 타당하다는 생각이 들었다. 그래서 나도 그런 사람이 되어야겠다고 생각했다. 돈만 많은 소인 말고 가진 돈에 어울리는 거인이 되리라 결심했다. 꿈에 걸맞은 그릇을 갖추는 것이 중요하다. 나부터 제대로 된 사람이 되고, 큰돈을 담을 수 있는 그릇이 먼저 되어야 한다.

나는 육아를 열심히 하는 것이 큰 그릇 만들기의 최고봉이라고 생각한다. 나는 아이를 낳고 키우며 큰 깨달음을 두 번 얻었다. '하면 된다'가 좌우명이었던 결혼 전 나는 가난을 극복하고 사회적으로 성공했다. 뭐든 마음먹으면 이루었다. 그런데 결혼 후 임신이 되지 않았다. 여섯 번의 습관성 유산을 겪으며 나는 '진인사대천명'을 깨달았다. 최선을 다하되 결과는 하늘에 맡기는 것이다. 어려운 환경을 극복할 수 있었던 것도 일정 부분 운이 좋았다는 것을 알게 되었다. 그제야 해도 안 되거나 노력할 여건조차 없는 사람들이 보였고, 자만했던 어린 내가 부끄러웠다.

두 아이를 낳고도 늘 그렇듯 최선을 다했다. 아이 하나와 둘은 천지차이어서 나는 종종 이성을 잃었고 밤에는 쓰러져 잠이 들었다. 그때 '운칠기삼'을 깨달았다. 내 노력은 3이고 운은 7이라는 것이다. 달리 말하면 노력하는 사람은 하늘이 돕는데, 나보다 하늘의 역량이 더 크다고 받아들일 수도 있겠다.

나는 그래서 환경을 굉장히 중요하게 생각한다. 나 잘났다고 혼자 날뛰다간 큰코다치기 일쑤다. 내 인생이 트일 환경을 설계하라. 만약 환경이 나를 가난하게 만든다면 거기서 벗어나라. 나를 가난하게 만드는 사람들과는 과감히 멀어져라. 그게 심지어 가족이라도 거리를 두어라. 가장 먼저 나를 챙겨라. 그리고 내 아이들을 챙겨라. 또한 내가 그나마 가장 괜찮다고 생각해 선택한 내 남편을 챙겨라. 나를 챙기고 내 가정을 먼저 챙기면 그다음엔 순리대로 알아서 돌아간다.

나는 매년 '내년 일기'를 쓴다. 내년이 되었다고 생각하고 즐거운 일기를 쓰는 것이다. 이 일기에는 얼토당토않은 내 모든 바람을 담는다. 이뤄질 수 있는지 아닌지는 생각하지 않는다. 오로지 상상하며 즐겁고 신나는 나의 감정을 중시한다. 그리고 다음 해가 되어 그 일기를 읽어보면 놀란다. 거의 모든 것이 이루어져 있기 때문이다. 이를 바탕으로 작년에는 '10년 후 일기'를 썼다. 그 일기를 올해 읽고는 너무나 놀랐다. 아직 1년밖에 지나지 않았지만 이미 그것이 이루어지고 있기 때문이다.

다시 한 번 말하지만 목표하지 말고 꿈을 꿔라. 꿈을 꾸며 그에 걸맞은 그릇이 갖춰지면 세상이 나를 가만히 두지 않는다. 자꾸 좋은 정보가 들어온다. 공부를 하면 하는 만큼 성과가 난다. 자연스레 풍요로움의 길로 가게 된다. 이처럼 잠재의식이 풍요로워지면 주변의 것이 하나둘 변한다. 물론 그 과정에서 깨지고 울고 넘어지는 일들이 생긴다. 변화가 클수록 그렇다.

구체적으로 어떤 삶을 살고 싶은지를 상상하라. 그리고 그 삶을 살아낼 수 있는 사람이 되자. 나 자신이 바로선 다음 아이들과 남편을 챙겨야 한다. 그러기 위해서는 돈의 액수가 아닌 가치를 좇아라. 내가 살고자 하는 삶의 가치를 이미지화하고 선언하라. 그리고 이루어질 것이라 믿자. 그러면 사인으로, 영감으로, 정보로, 내가 가고자 하는 길의 힌트가 내 앞에 다가올 것이다.

당신은
부자 엄마입니까?

　　　　얼마 전 뉴스를 보니 우리나라 성인들이 생각하는 부자의 기준은 약 49억 원이란다. 취업 플랫폼 잡코리아가 알바몬과 함께 성인 3,415명을 대상으로 '얼마가 있어야 부자일까'를 물었더니 30대는 52억 원, 20대와 40대는 48억 원을 부자의 기준으로 꼽았다. 이 기사를 보고 '사람들이 진짜 부자가 무엇인지 모르는구나' 하는 생각이 들었다. 우리 모두 부자란 무엇인가에 대해 다시 생각해볼 필요가 있다.

　　부자의 사전적 의미는 '재물이 많아 살림이 넉넉한 사람'이다.

다시 말해, 부자란 가진 것이 많아 여유롭고 풍요로운 사람이다. 사람들은 '재물이 많은' 것에만 집중하지만 그것만으로는 충분하지 않다고 생각했다. 그래서 나는 오랫동안 진정한 부자란 구체적으로 무엇인가에 대해 고민해왔다.

100억을 가진 사람이 있다. 그런데 그는 스크루지처럼 구두쇠라서 스스로도 즐기지 못할 뿐 아니라 주변에 사람이 없다. 한편 50억을 가진 사람이 있다. 이 사람은 꾸준한 자기계발을 하고 여행도 다닌다. 사람들과 좋은 관계를 유지하며 가능한 선에서 베풀어 선순환을 일으키기도 한다. 둘 중 누가 더 부자라고 느끼는가?

어떤 사람은 온갖 명품으로 몸을 휘감고, 고급 차를 몰며, 호화로운 집에 산다. 그런데 자세히 들여다보면 대출 이자를 내느라 허덕인다. 반면 어떤 사람은 현금 자산이 정말 많다. 하지만 허름하게 옷을 입고 다니고 차도 낡은 중고차다. 둘 중 어떤 사람을 부자라고 할 수 있을까?

진정한 부자에 대한 기준은 사람마다 다를 수 있다. 부자는 재산의 크기에 반드시 비례하는 것도 아니고, 어느 한 모습만 보고 부를 판단할 수도 없다. 한마디로 부자의 기준은 복합적이다.

나는 '조화와 균형'을 부의 중요한 요소로 본다. 내가 가진 재산, 몸가짐 그리고 마음가짐이 조화와 균형을 이뤄야 한다. 아무리 재산이 많아도 몸가짐이 발라야 그 부가 자연스럽고 부담 없이 드러난다. 또 마음가짐이 발라야 종종 곳간을 열어 넘치는 재산을 베풀면서도 나 스스로를 소중히 여기고 먼저 챙기게 된다. 이렇게 되면 영향력이 커지고, 영향력이 커지면 더 큰 부를 창출할 기회도 커진다. 이로 인해 부는 선순환을 일으킨다.

부의 제1조건: 조화

조화는 여유에서 나온다. 부를 가지고 있어도 여유가 없으면 균형이 깨진다. 돈에만 전전긍긍해서 다른 것을 보지 못하게 된다. 반면 여유가 있으면 하나의 부가 다른 부로 흘러가게 된다.

앞서 말했듯 부자는 재산만 가지고 판단할 수 없다. 부는 다섯 항목으로 나눌 수 있다. 금융, 사람, 건강, 시간 그리고 정보 자산이다. 이 자산들은 서로 유기적인 관계를 맺고 있다. 그중 하나의 항목이 부유하면 자연스럽게 다른 항목이 차게 된다는 말이다.

예를 들어, 인간관계가 좋아서 정말 좋은 사람들로 내 주변을 채우면, 그 사람들에게서 좋은 정보가 들어오게 마련이다. 그러면 이를 통해 자연스럽게 정보 자산이 차고, 정보가 많으면 자연히 금융 자산이 차게 된다.

반대로 돈이 많이 생겨서 금융 자산이 찼다고 치자. 그러면 돈으로 사람을 고용해 시간을 살 수 있으니 시간 자산도 늘어난다. 또 시간 자산이 생기면, 그 시간에 공부를 더해서 정보 자산을 채울

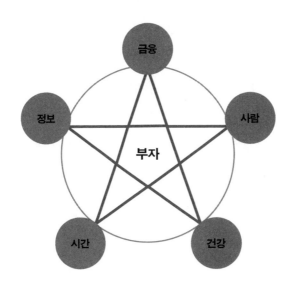

〔부의 5가지 항목〕

수 있다. 따라서 나에게 좀 더 유리한 걸 먼저 채우고 그걸 토대로 나머지를 채워나가는 게 유리하다.

나는 부의 모든 항목이 모두 풍요롭게 차 있는 사람을 진짜 부자라고 본다. 사람들이 흔히 생각하는 돈의 기준으로는 오히려 부를 측정하기 어렵다. 각자의 욕망에 따라 내가 느끼는 부의 기준이 다르기 때문이다.

사람들이 흔히 50억 원을 부자의 기준으로 삼더라도 개인의 욕망이 100억 원을 가지는 것이라면 그 사람은 50억을 소유했어도 결코 부자가 아닐 것이다.

부의 제2조건: 소유 〉욕망

따라서 소유가 욕망보다 커야 부자다. 사람들은 저축을 하라든가 씀씀이를 줄이라는 말을 흔히 한다. 그래야 소유가 욕망보다 커지고, 자신이 소유한 것을 더 큰 부라고 느끼게 되기 때문이다. 반대로 욕망을 크게 가지라는 말도 한다. 그래야 내가 욕망하는 만큼 부를 끌어당긴다는 것이다.

나는 경제적 독립을 인간의 욕망에 따라 세 단계로 나눈다. 1차 경제독립은 최저생활비를 벌 수 있는 정도다. 우리나라 기준으로 개인당 한 달에 약 100만 원이다. 매슬로의 욕구 이론을 참고했을 때 여기서 고려한 욕망은 인간의 가장 기본적인 생존과 안전이다. 2차 경제독립은 자산 수익으로 가족을 부양할 수 있는 상태를 말한다. 통계청 가계동향조사 결과를 보면 4인 가족이면 한 달에 약

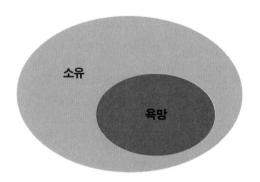

[부자의 소유와 욕망]

500만 원이 필요하다고 한다. 2차 경제독립은 소속과 사회적 욕망과 연관이 있다. 나는 1차 경제독립을 먼저 이루었다. 그런데 나 혼자 즐겁게 살며 꿈을 좇으니 새삼 우리 남편이 안타까웠다. 이처럼 가족 혹은 가까운 사람까지 챙기며 함께 성장하게 되는 것이 두 번째 단계다. 3차 경제독립은 내가 바라는 모든 걸 이룰 수 있는 상태를 말한다. 이는 자아실현 및 자기초월적인 욕망을 말한다.

그런 다음 단계별 욕망을 채우기 위해 뭐가 필요한지 고민한다. 1차 경제독립을 이루기 위해서는 돈을 아끼는 노하우가 필요할 것이다. 2차 경제독립 그리고 더 나아가 3차 경제독립을 위해서는 욕망을 줄이는 것만으로는 안 된다. 오히려 욕망을 키워야 한다. 돈에 대해 공부하는 동시에 꾸준히 자기계발을 하라. 구체적으로 꿈을 꾸고 실행하라. 또한 욕망이 커진다면 그에 맞게 나의 그릇을 키워야 탈이 없다. 경험 쌓기와 독서는 그릇을 키우기에 좋은 것들이다.

특히 나는 목표를 갖지 말라고 조언한다. 목표를 가지면 사람들은 조급해지고, 목표를 이루지 못하면 좌절하게 된다. 그러니 목표 대신 '꿈'을 가져라. 꿈을 가지면 매일이 행복하다. 힘든 현실도 보다 즐겁고 수월해진다. 설사 내가 원하는 만큼 다 이루지 못하더라도 꿈을 꾸고 실행했다는 것만으로 보람되다.

나는 사실 욕망이 없었다. 너무 가난하게 자라 집 한 채 가진 것만으로 모든 걸 이룬 듯했다. 최저생활비만 벌어도 행복하고 감사했다. 흙 파 먹으면서도 행복하게 살 수 있는 사람이 바로 나였다. 그런데 육아를 하며 상황이 달라졌다. 더 이상 나는 혼자가 아니기 때문이다. 아이들을 제대로 양육하고, 경제적 결핍 때문에 빚어진 남편과의 불화를 해소하려면 더욱 성장해야 했다. 그렇기 때문에 부를 공부했다. 도저히 채워지지 않던 버킷리스트를 하나씩 쓰기 시작했다. 그제야 비로소 꿈을 꾸기 시작했다.

나는 스스로를 '부자 엄마'라 말한다. 주변이 좋은 사람으로 채워지고 시간 여유가 생겼다. 건강도 점점 더 좋아지고 있다. 내가 생각하는 조화와 욕망, 부의 법칙에 모두 닿았다. 그리고 현실에 만족하면서도 다음 단계의 꿈을 준비한다. 늘 관심은 많지만 소액 기부에 그치는 아동권리와 동물복지에 내 영향력을 보다 크게 키우고 싶다는 꿈이 생겼다.

지금부터 당신을 부자 엄마로 정의하라. 통장 잔고에는 마이너스 금액이 찍혀 있고, 전셋값 낼 돈 구하느라 허덕이더라도, 지금부터 당장 부자 엄마가 돼라. 부자 엄마의 꿈을 꾸고 그 꿈이 이뤄지려면 필요한 것들을 행하라. 즐겁지 않으면 하루도 버티기 어렵다. 목표는 잘게 쪼개고 매일의 성과를 자축하라.

나는 5개의 자산 중 먼저 내 특기인 정보 자산을 채우고, 그걸로 금융 자산을 늘렸다. 작은 돈으로 시작해서 지식, 경험, 성찰을 활용해 크게 불렸다. 이제부터 내 비법을 하나씩 공유하겠다.

부자 엄마 입문, 돈 세는 법부터 배워라

　　'은행원처럼 지폐 세기'를 유튜브에 검색해보면 수많은 영상이 나온다. 영상을 보면 "와, 돈 참 잘 센다"는 말이 절로 나온다. 어릴 때 나는 돈을 잘 못 세었다. 나의 할머니는 손가락에 침을 살짝 묻히고 돈을 세었는데 어찌나 빠르게 잘 세던지 놀랐던 기억이 있다. 은행원이 멋져 보였던 시절이다. 만 원짜리를 손가락에 빙글 돌려 잡고 한 장씩 탁, 탁 소리가 나도록 윗부분을 빼내며 돈을 센다. 돈을 만져본 사람이 잘 세는 법이다. 나는 그 모습이 멋져 천 원짜리고 만 원짜리고 쥐고 돈 세는 연습을 했었다.

그런데 요즘은 현금을 소유하지 않는 시대다. 돈을 직접 셀 일도 줄었으니 이제는 표기되는 숫자를 더 잘 알아야 한다. 지폐를 한 장 한 장 능숙하게 세어 넘기듯이, 만 원, 천만 원을 넘어 억 단위, 조 단위의 돈을 읽을 줄 알아야 한다. 돈을 잘 읽을 줄 알면 회사의 재무제표를 이해하기도 쉬워진다. 미국의 유명한 투자자 워런 버핏의 취미도 재무제표 읽기다.

나는 가계부 대신 재무제표를 작성한다. 자산 관리를 하기 위해서다. 재무제표는 역사적으로, 돈으로 돈을 버는 게 가능해진 시기에 만들어진 장부다. 기존에는 그저 나가고 들어오는 돈을 기록하는 수준이었으나 재무제표가 만들어진 후 금융은 더욱 발달했다. 개인 재무제표를 만드는 법은 뒤에서 자세히 설명하겠다.

천문학적 단위에 익숙해져라

2015년 처음 주식투자를 하려고 기업들에 관해 공부하던 때였다. 기업들의 재무제표를 읽으라기에 금융감독원 전자공시시스템 (dart.fss.or.kr)에 들어가 사업보고서를 열고 재무제표를 클릭했다. 당시 엘지화학의 시가총액을 보았더니 약 19조 원이었다. 엄청난 액수를 읽으려니 머릿속이 하얘졌다.

당시 내 지갑에는 돈 한 푼 없을 때였다. 그런데 '조' 단위의 숫자가 눈앞에 펼쳐졌으니, 돈이 돈처럼 보이지 않았다. 그것들은 그냥 숫자였다. 엄청나게 크고 많은 숫자. 어떻게 세야 하는지도 몰랐다. '단위: 백만 원'이라는 글자가 눈에 띄었다. 단위가 백만 원이라고? 그럼 숫자가 8,146,821라고 쓰여 있는데 0이 몇 개가 붙는 거지? 잠깐만, 다시 세어보자. 단위가 백만 원이니까 백만, 천만, 억….

그야말로 눈알이 빙글빙글 돌았다. 내가 직접 만져본 돈을 떠올려보았다. 백 원, 천 원, 만 원, 오만 원 그리고 십만 원짜리 수표… 그 이상의 돈은 만져본 적이 없었다. 결혼 축의금이 많이 들어와 3천만 원 정도를 직접 세어본 게 가장 큰 액수였다. 그래도 내가 사는 집이 억 단위니까 억까지는 어떻게 알았다. 그런데 거기서 0이 3개 더 붙으면 천 억. 그리고 거기 0이 하나 더 붙으면 조…. 이렇게 나는 산수를 다시 하듯이 노트를 펴서 0을 하나씩 다시 쓰기 시작했다.

땡전 한 푼 없이 투자를 시작하는 사람한테 조 단위의 돈을 갑자기 파악하라는 건 정말 아이러니다. 그래서 사람들이 너 경제 뉴스를 멀리하는지도 모른다. 기업에 대한 분석은 물론 재무제표도 더욱 멀게 느껴진다. 처음 투자를 시작할 때 어떤 책을 찾아도 돈 액수 읽는 방법을 가르쳐주는 사람은 없었다. 대개 경험이 쌓이면 된다고 생각하는 듯했다. 하지만 오래 투자를 했어도 돈을 제대로 세지 못하는 사람이 많다. 당연히 재무제표도 정확히 안 보고 주먹구

구식으로 투자하게 된다. 결국 나는 너무 답답해서 직접 찾아보며 공부했다. 한 번만 알아두면 너무 쉽고 간편한데 처음에는 애 좀 먹었다.

큰돈 쉽게 세는 법

돈을 쉽게 세는 방법은 크게 2가지가 있다. 첫 번째 방법은 먼저 0을 세는 것이다. 0이 4개면 만 원, 5개면 십만 원, 6개면 1백만 원이다. 또 7개면 1천만 원, 8개면 1억 원이 된다. 이걸 쉽게 하기 위해 0을 4개로 쪼갠다. 0이 4개부터 만 원 단위가 시작되고, 0이 8개부터 억 단위가 시작된다. 조는 0이 12개다.

1 0000 = 1만 원

1 0000 0000 = 1억 원

1 0000 0000 0000 = 1조 원

두 번째 방법은 쉼표로 구분하는 것이다. 돈을 쉽게 읽기 위해 쉼표를 활용한다. 보통 천 단위에 쉼표를 찍는다. 그러므로 쉼표가 3개 있으면 오른쪽에서 세 번째 쉼표의 오른쪽 숫자가 바로 억 단위다. 네 번째 쉼표의 왼쪽은 조 단위다. 큰 단위를 셀 때 편한 방법이다.

$$1②,345,❻00,000,000 = 12조\ 3,456억\ 원$$

한 단계 더 나아가 미국 돈도 세어보자. 예전에는 백만장자를 부자로 쳤다. 옛날 옛적 〈백만달러 사나이〉라는 TV 드라마를 기억할지 모르겠다. 브랜든 버처드의 《백만장자 메신저》라는 책도 있다. 백만장자를 영어로 '밀리어네어(millionaire)'라고 한다. 백만장자는 한국 돈으로는 얼마일까? 백만 달러는 $1,000,000로 여기에 환율 약 1,100원을 곱한다.

$$\$1,000,000 \times 1,100원 = 1,100,000,000원$$

위에 명시한 방법으로 이 큰돈을 계산해보면 약 11억 원인 것을 알 수 있다. 나는 두 번째 방법, 즉 세 번째 쉼표 오른쪽의 숫자를 보는 방법으로 액수를 파악했다. 11억 원이면 이미 나도 백만장자다. 요즘은 억만장자라는 말도 많이 쓴다. 영어로는 '빌리어네어(billionaire)'다. 억만장자면 한국 돈으로 얼마일까? 한국은 보통 0 4개를 기준으로 단위가 달라진다. 하지만 미국은 0 3개를 기준으로 단위가 달라진다. 따라서 빌리언(billion)은 밀리언(million)에 1,000을 곱한 것이다.

$$\$1,000,000,000 \times 1,100원 = 1,100,000,000,000원$$

우리 돈으로 환산하면 1조 1천억 원이 된다. 우리나라에 조 단위 부자는 약 40명 있다. 우리가 기억해야 할 것은 1빌리언 달러가 약 1조 원이라는 것이다. 1밀리언 달러는 약 10억이다. 왜 갑자기 달러를 말하는지 궁금할 것이다. 미국 주식과 채권 그리고 암호화폐를 공부하려면 달러에 대해서도 알아야 하기 때문이다. 미국 주식을 처음 분석할 때 돈 단위가 달라서 헷갈려하는 사람이 참 많다. 여기서는 환전 금액을 계산하기 쉽게 약 1,000원을 곱했지만 실제 환율은 보통 1,100~1,200원 선임을 잊지 말자.

$$\$1밀리언 = 10억 원$$
$$\$1빌리언 = 1조 원$$

글로벌 투자은행(IB) 크레디트스위스(CS)가 23일 발간한 〈2020 세계 부(富) 보고서〉에 따르면 2019년 말을 기준으로 한국의 백만장자, 즉 11억 부자는 70만 8,000명이다. 2019년 대한민국 인구를 5,000만 명으로 볼 때 약 2%가 안 되는 사람이 약 10억 원이라는 돈을 소유하고 경험하는 것이다. 그러니 대부분은 큰돈을 셀 필요 없는 환경에서 산다. 그중에서는 큰돈을 셀 줄 모르는 사람도 많을 것이다.

돈을 셀 줄 안다는 건 투자의 기본 중에 기본이다. 물론 경험이 쌓이면 알아서 잘 세게 된다. 그런데 경험이 쌓일 만큼 투자에서 버티는 사람은 소수다. 미리 알면 내 꿈이 이뤄질 가능성이 더욱 높아진다. 내가 미래에 융통할 액수를 구체적으로 상상하라. 그리고 그것을 잘 보이는 데 크게 써 붙여놓아라. 이렇게 해서 그 미래를 현실로 끌어당기자.

초과 수익으로 가는
100일의 법칙

　　　　주식투자 5년 차인 내가 보유한 신일제약이 5배 상승했고, 미국 주식 3D SYSTEMS는 6배 상승했다. 기복은 있었지만 연평균 수익률 20%를 달성했다. 부동산은 자가와 투자 부동산 모두 3배 상승했다. 채권에서도 꾸준한 수익을 냈다. 2018년 폭락 때 들어간 가상화폐에서도 좋은 성과를 내고 있다.

　　'시장 평균 수익'이란 게 있다. 시장 평균 수익이란 시장을 대표하는 지수가 내는 수익을 말한다. 예를 들어, 코스피 지수가 10% 올랐다면 우리나라 기업 경제 가치가 평균 10% 성장했다는 뜻이다. 생각보다 시장 평균 수익률이 높기 때문에 코스피 ETF에 투자하면 이 시장 평균 수익을 쉽게 달성할 수 있다.

하지만 개인이 회사를 골라 투자하면 시장 평균을 넘기 의외로 어렵다. 이런 이유로 투자 전문가들은 시장 평균 수익을 넘었는가를 중요한 투자 성과로 삼는데, 증권사 전문가들도 시장 초과 수익을 내기 쉽지 않다.

그런데 애 둘인 엄마가 각종 투자에서 시장 초과 수익을 냈다. 나는 "투자는 잃지 않고 하는 것이다"라는 워런 버핏의 투자 제1원칙을 가슴에 깊이 새기고 실행한다. 사람들은 나에게 '승승장구'라는 표현을 썼다. 그리고 다들 내가 어떻게 투자했는지 궁금해한다. 내가 평균을 웃도는 수익을 낼 수 있었던 비법은 무엇일까?

부자 엄마 루틴을 만들어라

사람들은 보통 좋다는 것에 반응하고, 나쁘다면 피한다. 평균의 삶이란 쉽게 말해, 대중이라는 파도에 몸을 맡기는 것이다. 나도 원래 온갖 유행이란 유행은 다 따라가는 사람이었다. 처녀 적에는 인터넷 쇼핑몰에서 매달 수십만 원을 결제했고, 노래방에서는 가장 먼저 신곡 버튼을 눌러 최신 유행가를 불렀다. 겉보기에는 화려하고 앞서가며 센스 있는 나였다. 하지만 아이를 낳고 180도 달라졌다. 누구를 만나도 보채는 아이 덕에 사람도 만나지 못했다. 타의 반 자의 반으로 마이웨이 인생을 살게 되었다. 처음 겪어보는 소수의 삶은 힘들었다. 불안하고 외로웠다.

어쩔 수 없이 평균의 삶에서 멀어졌다. 그러자 놀라운 일이 하나둘 생겼다. 먼저 대화를 나눠주는 사람이 없으니 나 스스로 '생각'이라는 것을 하게 된 것이다. 그리고 아무 생각 없는 TV 삼매경, 무늬만 친한 사람들과의 의미 없는 수다, SNS로 남들 어떻게 사나 뒤지며 시간 죽이는 일이 독 빠져나가듯 사라졌다. 사람들에게 휘둘리는 시간이 줄어들면서 '나에게 집중할 시간'이 생겼다.

나에게 시간이 주어졌다. 나만의 진정한, 귀하고 값진, 황금 같은 시간이었다. 귀중한 걸 알면서도 처음엔 붕 떠 있는 것처럼 뭘해야 할지 몰라 괴로웠다.

하지만 나날이 줄어드는 통장 잔고를 보며 이내 정신을 차렸다. 고민하다 공부를 시작했다. 맨땅에 헤딩하듯 공부하다 뭔가 제대로 된 방법이 필요하다는 생각이 들었다. 습관, 성공학 등에 관한 많은 책을 읽고 참고했다. 그리고 이미 투자에 성공한 부자 엄마가 됐다고 상상하고 루틴을 만들었다. 초과 수익을 얻기 위해 내가 실행한 것들은 사실 너무나 사소했다.

- 매일 경제 기사 읽기
- 매일 경제 책 읽기

- 매일 투자 일기 쓰기
- 매일 투자 커뮤니티 확인
- 매일 투자하는 회사 공시와 뉴스 확인

매일 최소 10분을 투자해 위의 습관들을 행했다. 정 시간이 없을 때는 일단 책을 펼치고 인터넷에 접속이라도 했고, 시간이 있을 때는 좀 더 들여다보았다. 일단 한 번 시작하면 나도 모르게 좀 더하게 된다. 그래서 나는 부담 갖지 않고 단 10분이라도 하겠다는 마음으로 시작했다.

다 하지 않아도 괜찮다. 책을 펼쳤다 그냥 덮어도 괜찮다. 매일 어쨌든 시작이라도 하는 거다. 주가 확인할 짬에 기사 하나를 더 읽고, 주식 방송을 틀어놓는 대신 괜찮은 유튜브 투자 채널을 시청했다. 엄마들이랑 남 흉볼 시간에 회사 분석 하나 더 했다. 시장의 소음에서 멀어져 나만의 루틴을 만들었다.

사소한 습관을 정하고 기간을 잘게 쪼개라

이런 나의 노하우를 삶의 모든 방식에 적용했다. 하루 한 줄 육아서 읽기를 비롯해 놀이모임 등 각종 모임을 운영했다. 네이버 밴드에서 리더상을 거듭 받기도 했다.

현재 나는 매일 경제 상식 한 페이지씩 필사하는 모임을 수개월째 운용하고 있다. 필사에 약 10분이 걸리고, 내용을 이해하고 자료까지 읽어보면 30분이 소요된다. 이런 하루 30분의 노력은 크게 어렵지 않다. 하지만 시작하는 사람은 많지 않다. 지속하는 사람은 더 드물다. 비단 경제 상식 필사뿐만이 아니다. 모든 모임의 사람들이 그렇다. 처음에는 다들 열심히 한다. 그러다가 조금씩 기운이 떨어진다. 10일, 20일이 지나면 하나둘 사라진다. 결국 끝까지 남는 건 열에 둘이다.

사소한 일이라도 노력을 지속하는 것이 얼마나 위대한 일인지를 깨달았다. 60일로 해보고 100일로도 해보는 등 여러 방법을 시도해보니, 모임을 작게 한 달 단위로 쪼개는 것이 낫다는 것을 깨달았다. 그렇게 하면 끝이 멀지 않아 보여서인지 조금이라도 더 버틴다. 목표 기간이 길면 길수록 완주율이 줄어든다. 그러므로 60일을 통으로 운영하는 것보다, 30일로 쪼개 두 번 하는 것이 낫다.

따라서 나는 사소한 습관을 정하고 기간을 쪼개 루틴을 만들라고 조언한다. 그리고 매일 반복하라. 습관 앱이나 엑셀을 활용해 체크하면서 성취감을 얻어라. 그리고 그걸 한 달 단위로 시행해 스스로를 북돋아라.

그렇게 한 달이 지나면 시작이 반이니 절반은 온 거다. 두 달째면 습관이 되고, 세 달째면 변화에 성공한 것이다. 동기부여를 위해 매달 자신에게 선물을 하는 것도 좋다.

100일이면 내 것이 된다

습관을 완전한 내 것으로 만드는 데는 약 100일이 걸린다. 런던대학의 제인 워들 교수가 〈유럽사회심리학저널〉에 발표한 연구 결과에 따르면, 66일을 꾸준히 하면 습관이 된다고 한다. 그리고 그것이 완전한 내 것이 되는 데는 약 12주, 즉 100일이 소요된다. 습관이 되고 나면 노력하지 않아도 된다. 몸에 배었기 때문에 오히려 안 하면 이상하다. 처음 차를 굴러가게 만들기는 어렵다. 하지만 한 번 꾸준히 달리게 된 차는 오히려 멈추기 어려워진다. 루틴을 만들고 100일간 지속하라. 습관이 되게 만들어라. 일단 익숙해지면 그다음부터는 유지만 하면 된다. 매일 1%의 성장을 이루어라. 100일 동안 매일 1%의 성장을 이루면 어떻게 될까? 100일째에는 100%의 성장을 이룰 것이다.

거듭 말하지만 목표를 정하려고 하지 마라. 예를 들어, '나는 1억 원을 모을 거야', '나는 부자 엄마가 되는 습관을 만들 거야'라는 목표를 정하면 팔 할은 도중에 나가떨어진다. 모든 바람은 '현재진행형'이어야 한다. 나는 이미 이룬 사람이 되어야 한다. "1억 원이 생기게 해주셔서 감사합니다", "부자 엄마 습관이 자리 잡게 해주셔서 감사합니다"라고 기도하는 것이 낫다.

투자에 성공해 부자 엄마가 된 나의 삶에선 어떤 투자 원칙들을 지키고 있을지를 미리 상상하라. 예를 들어, 아침에 일어나 모닝커

피를 마시며 경제 신문을 읽을 것 같다면 그걸 지금부터 습관으로 만들어라. 고급 정장을 입고 주주총회에 참석할 것 같다면 고급 정장을 한 벌 사서 주주총회에 참석하라. 나는 내가 부자 엄마라고 생각하고 내 삶을 하나씩 바꿨다. 그랬더니 내 투자 성과도 따라왔다. 당장 실행하고 미리 부자 엄마가 되어라. 그러면 미래에서 온 그 습관에서 내가 꿈꾸는 모습이 시작될 것이다. 그리고 초과 수익도 함께 찾아올 것이다.

성공한 투자자의 습관: 부자 엄마 루틴 + 시간 = 초과 수익

1%의 운을 루틴에 더하라

그리고 여기에 행운을 더하는 방법이 있다. 나는 정말 운이 지지리도 없는 사람이었다. 벼락이 치면 유독 나한테만 벼락이 내리꽂는 듯한 인생이었다. 내가 튀어서, 주머니 속 송곳이라 그런가 보다 생각했다. 모난 돌이 정 맞는다고 하니 개성을 죽이려고 생각한 적도 있다. 이런 내 구질구질한 인생이 싫어 고민하다 이서윤의 《오래된 비밀》을 읽었다. 그리고 책에서 조언해준 대로 '행운 일기'를 쓰게 되었다. 뭘 써야 할지 몰랐지만 억지로 쓰기 시작했다. 비아냥거리는 투로, "아이가 울다가 일찍 울음을 그쳤다 참 운이 좋았

네, 하하하"라고 적기도 했다.

　나는 오래전부터 감사 일기를 매일 썼다. 감사는 나의 일상이었다. 그런데 행운 일기는 또 달랐다. 감사가 주어진 것에 만족하는 세로토닌적인 삶이라면, 행운은 거기에 즐거운 도파민을 더하는 것이었다. 이때부터 나는 의외로 일어난 좋은 일들에 주의를 기울여보았다. "오늘 비가 왔는데 달팽이를 발견했다. 운이 좋았다." "오늘 햇볕을 쬐는데 아이디어가 떠올랐다. 운이 좋았다." 이런 사소한 것에서 시작했다. 그러자 이것도 행운이고 저것도 행운인 것 같이 느껴졌다. 이렇게 하다 보니 생각보다 운 좋은 일이 많이 일어난다는 걸 알았다. 자꾸 의식하다 보니 그런 일들이 더 늘어났다. 행운 일기를 계속 쓰니 흘러가는 운을 캐치하는 감각이 섬세해졌다.

　행운 일기를 쓰며 사람들도 자꾸 접해야 행운이 는다는 것을 깨달았다. 의외의 일은 사람에게서 비롯되는 경우가 많았다. 물론 좋은 사람을 가려내야 한다는 숙제가 있었다. 그래서 사람을 공부하고 좋은 사람들에게 연락해 만나려고 노력했다. 그리고 그들에게 얻은 새로운 정보에 더욱 관심을 갖게 되었다. 반면 가만히 있으면 좋은 운도 그냥 지나갔다. 그걸 깨닫자 실행력도 높아졌다.

투자 성공의 비밀: 지식 49% + 심리 50% + 운 1%

행운 일기를 쓰니 운이 좋아졌다. 투자의 1%를 완성하는 것은 감이자 운이다. 물론 투자 지식과 인내가 충분히 누적되어야 최고의 시너지가 날 것이다. 나의 운 역시 매일 반복되는 한두 줄 행운 일기 쓰기에서 비롯되었다는 걸 잊지 마라. 결국 운도 습관이다.

이렇게 중요한 것들이 습관이 되자 삶이 많이 수월해졌다. 나는 늘 노력하며 살았다. 바닥에서 일어나고 싶어서 뭐든 열심이었고 늘 바쁘게 움직이는 게 익숙했다. 그토록 처절한 삶이 지겹기도 했다. 그런데 내가 되고자 하는 사람의 삶을 습관으로 만들자 나는 비로소 안정되었다. 내가 되고자 하는 그 사람이 언젠가 될 것임을 나는 알았다. 단지 시간의 누적만이 필요할 뿐이었다. 안정감을 느끼자 생각도 달라졌다. 매일 1%씩을 이룬다고 생각하고 현재에 집중했다. 현재를 최대한 즐기려 노력했다. 그러자 경제 기사 읽는 게 즐겁고 회사를 분석하는 것도 힘이 들지 않았다. 매일 그저 내가 살고 싶은 삶을 반복하면 되었다.

노력하지 마라. 꾸준한 사람이 되어라. 그저 루틴대로 살아가는 사람이 되어라. 자고 일어나 커피 한잔 마시는 것처럼 하면 된다. 투자로 성공한 당신이 매일 할 일들을 상상하라. 매일 경제 기사를 읽고, 좋은 책을 집어 들며, 투자하는 회사 공시를 확인하라. 그리고 날마다 행운 일기를 써라. 그냥 태어날 때부터 몸에 밴 듯이 그렇게 살아라. 시장의 소음에서 멀어져 그 시간을 투자하라. 그러면 당신은 반드시 부를 이룰 것이다.

수익을 극대화할
주말 사용법

　　나는 가난하게 자랐다. 경제적인 면에서 나는 한참이나 뒤처져 출발한 셈이다. 학벌도 인맥도 없었다. 그나마 내 몸뚱이가 재산이라고 느꼈다. 그런데 언젠가부터 그마저도 내 뜻대로 되지 않았다. 평생을 달려도 안 될 거란 생각에 자괴감이 들었다. 하지만 영원한 패배자로 남을 수는 없지 않은가. 누구에게나 공평하게 주어진 것이 뭔지 궁리했다. 그것은 '시간'이었다. 부자든 아니든 하루 24시간은 똑같이 주어진다.

　　시간, 시간… 어떻게 하면 시간을 더 효율적으로 활용할 수 있을까. 밤낮으로 고민했다. 매일 아침 눈을 뜨면서 스스로에게 질문을 던졌다. 하루 종일 아이들 돌보고 오늘 나에게 남는 시간은 몇 시간일까. 그 시간을 어떻게 하면 더 효율적으로 사용할 수 있을까. 주어진 시간 안에 내가 하고 싶은 수많은 일을 어떻게 끝낼까. 이번 주에는 언제 어떻게 시간이 날까. 주말은 어떻게 사용할까.

지금도 매일 아침 이렇게 나는 시간을 계획한다. 오늘 내게 주어진 시간은 몇 시간인지 계산하고, 다이어리에 할 일들을 적는다. 그리고 그 일들을 어떻게 끝낼 수 있을지 시간표를 짠다. 이렇게 계획을 세우는 데 30분을 할당한다. 이 30분을 투자하느냐 아니냐가 하루의 성과를 좌우한다. 시간은 나에게 금 이상의 존재다. 내가 움직이는 만큼 정보가 생기고 돈이 붙기 때문이다.

지금은 돈도 있고 여유도 생겼고 인맥도 좋아졌다. 그런데 딱 하나, 시간이 부족하다. 돈을 주고 시간을 사야 하는 상황에 이른 것이다. 따라서 나 말고 다른 사람이 해도 되는, 중요도가 비교적 낮은 일들을 골라, 다른 사람의 노동과 내 돈을 교환한다. 비용을 지불한 대신 나에게 추가 시간이 생기고, 그 시간을 활용해 더 큰 돈을 벌 수 있다.

그런데 꼭 비용을 지불하지 않아도 내게 제공되는 도움이 있다. 감사하게도 건강한 남편이 존재하기에 얻을 수 있는 도움이다. 주말에는 남편이 집에 있기 때문에 아이들을 돌본다. 덕분에 나는 좀더 유동적으로 움직일 수 있어, 주말은 늘 나에게 보석과 같다. 이 주말을 잘 활용하기 위해 주말에 어떤 일을 할지 매주 월요일에 미리 계획을 세운다.

예전에는 주말에도 남편이 육아에 적극적으로 참여해주지 않았기 때문에 내가 하루 종일 아이들과 지지고 볶았다. 그런데 내가 돈이 돈을 버는 시스템을 구축하자 남편이 달라졌다. 남편은 이제 기꺼이 주말을 아이들과 함께 보낸다. 내가 공부하고 움직이는 만큼 돈이 들어온다는 것을 경험한 덕분이다. 물론 평일에는 내가 아이들과 많은 시간을 보낸다.

황금 같은 주말 시간을 활용하라

그럼 나는 주말에 과연 무슨 일을 하는가. 최근에는 '하베의 꿈꾸는 부자들'이라는 네이버 카페에서 주최하는 부동산 강의를 들었다. 때로는 소중한 사람들과 여행을 다녀온다. 아이들과 놀러 가는 겸해서 땅을 보러 다니기도 한다. 이처럼 주말만큼은 계획을 세워 우리 가족 모두 특별한 시간을 보낸다.

나는 하루 한 시간 경제 공부를 하라고 조언한다. 처음 공부하는 사람은 하루에 한 시간을 내는 것만도 대단하다. 하루 한 시간이라도 꾸준히 공부한다면 반복되는 돈 공부의 위력을 느낄 것이다. 이전에는 외국어처럼 읽히지 않던 기사도 읽힐 것이다. 그리고 내가 모르던 세상이 보이기 시작할 것이다. 그러다 심장이 더 크게 뛴다면, 뭔가 하고 싶어 엉덩이가 들썩인다면, 이제 본격적으로 시작할 단계다.

금융 문맹 극복을 넘어 투자로 성공하고 싶은 이들이라면 그다음 단계를 제안한다. 하루 세 시간 돈 공부를 하는 것이다. 평일 아침에 한 시간, 저녁에 두 시간 하면 된다. 일주일이면 약 스무 시간을 공부하는 것이다. 하루 세 시간이라니! 하루 종일 아이를 보다가 겨우 재우고 잡일을 끝내면 벌써 밤늦은 시간이니, 하루 세 시간을 내기 어려울 수 있다. 정 힘들다면 하루 두 시간을 하되, 주말을 활용해보자. 월요일에서 금요일까지 5일간 두 시간씩, 총 열 시간을 투자하고 나머지는 주말 이틀간 다섯 시간씩 나눠 공부한다. 이렇게 하면 총 스무 시간이 된다.

공부 계획은 구체적으로 짜자. 주말과 주말에 얼마나 시간을 낼 수 있는지, 어떤 방식으로 공부할지, 내가 목표로 하는 수익률은 얼마인지, 공부 자료는 어떻게 구할 것인지 등 디테일한 계획을 세우자. 탄탄한 계획에서 탄탄한 성과가 나온다.

나는 매일의 투자 루틴을 정했다. 매일 기사를 읽고, 내가 투자하는 회사의 뉴스를 파악했으며, 경제경영서를 읽었다. 커뮤니티에서 활동했으며, 유튜브 영상을 찾아보았다. 새로운 회사를 분석하려고 자료를 모으기도 했다.

주말에는 회사 분석을 심층적으로 했다. 증권사 리포트와 사업보고서 재무제표를 읽는다. 미리 관련 자료를 읽어두는 것은 필수다. 어려운 책을 하나 파는 경우도 있다. 나에게 중요한 파트를 체크해서 읽는 것을 목표로 하면 주말에 최소 한 권은 정복할 수 있다. 주말에 여행을 가장한 임장을 다니기도 한다(여기서 임장이란 현장에 임한다는 뜻으로, 부동산 현지 답사를 말한다). 이처럼 주말에 굵직한 일들을 하면 효율적이다.

〔주말에 하면 좋은 일들〕

책 파기

기업 분석

임장

주말에는 나의 주의를 분산시킬 수 있는 것은 아무것도 들고 나가지 않는다. 때로는 휴대폰도 놓고 나간다. 그날 하기로 한 일에 관련된 것만 들고 나간다. 몰입해서 공부를 하고 나면 참 개운하다. 학창 시절 공부할 때 생각도 떠오르고 육아에 설어 있는 상황이라면 뭔가를 해냈다는 성취감도 기분 좋다. 이날만큼은 집에서 열심히 요리하지도 않는다. 집에 돌아오는 길에 맛있는 음식을 사서 들어간다. 하루 종일 아이들과 떨어져 있었으니, 이 시간을 아껴서 아이들과 1분 1초라도 더 눈을 맞추고 노는 것이다. 모처럼의 외식 아닌 외식에 아이들도 남편도 좋아한다.

바쁜 엄마는 이렇게 공부한다

엄마 Y는 매일 밤, 시간을 정해 공부를 한다. 두 시간 동안 공부를 하고 주말에 더 많은 시간을 내서 공부한다. 그런데 도통 공부가 되지 않는다. 글은 까맣고 종이는 하얄 뿐. 생전 처음 보는 경제 용어들이 너무 어렵고 평소 관심사가 아니었던지라 읽히지도 않는다. 어찌어찌해서 페이지는 넘기는데 머리에 남지 않는다. 이렇게 해서 과연 공부가 될까 걱정이 된다.

많은 엄마가 이런 상황에 맞닥뜨릴지 모르겠다. 공부를 제대로 하는 방법을 모른 채 무턱대고 시작하는 사람도 많지만, 공부를 시작하기 전에 전략을 세울 것을 추천한다. 전쟁에 나갈 때 전략 없이 나가는 법은 없지 않나. 지피지기 백전백승, 나를 알고 적을 알아야 이기는 법. 여기서 나의 '무지(無知)'를 적이라고 가정하자. 고등학교 때 수능 공부하던 방식만 믿으면 안 된다. 상황이 다를뿐더러 그때에 비해 시간이 턱없이 부족하다. 그리고 나이가 든 만큼 그때처럼 머리가 잘 돌아가지도 않는다.

먼저 나를 알아야 한다. 어떤 자료로 공부하는 것이 더 내 머리에 잘 들어오는지를 파악하자. 예를 들어, 책으로 학습이 잘되는 사람이 있는 반면 영상으로 학습하는 게 효율적인 사람도 있다. 나는 책을 읽는 속도가 빠르기 때문에 책으로 공부한다. 하지만 책으로 읽으면 머리에 남지 않는 사람들은 영상으로 더 빨리 배울 수도 있다. 요즘은 유튜브 등에 양질의 자료가 넘친다.

영상 학습은 습득하는 데 시간이 오래 걸린다는 단점이 있지만 비용은 거의 들지 않는다. 책은 짧은 시간, 싼 가격에 깊은 수준의 지식을 얻을 수 있다. 영상에서 깊은 수준의 지식을 얻으려면 계속 관련 영상을 파고들어 한 주제를 샅샅이 뒤져야 한다. 뭐든 나에게 맞는 게 가장 좋은 자료다. 그러니 한 가지 방법을 고집할 필요 없이 여러분에게 맞는 자료로 공부하라.

다른 사람들과 함께 공부해야 관심이 유지되며 계속 동기부여 되는 사람도 있다. 그런 사람은 커뮤니티에 가입해서 비슷한 사람들과 계속 교류하는 것이 좋다. 글을 쓰고 답글을 달며 의견을 나누다 보면 재미를 붙여 공부 열정이 유지된다. 좋은 멘토를 찾는 것도 방법이다.

중요한 것은, 좀 더 효율적으로 듣고 읽는 것이다. 책의 경우, 아무것도 모르는 사람이라면 한 권을 잘 골라 정독을 하는 게 도움이 된다. 내 수준에 맞는 양질의 책이면 좋다. 이 책이 나에게 맞을지는 어떻게 알 수 있을까? 먼저 서사 소개와 목차를 보고, 그다음으로 서문까지 읽어보자. 그리고 본문을 훑으며 내용이 이해되는지 살펴야 한다. 그저 베스트셀러에서 있다고 해서 고르는 것은 좋지 않다. 경제 책은 대부분 어렵다. 그러니 쉽게 쓴 좋은 책부터 정복하면 좋다.

그다음부터는 발췌독을 하라. 필요한 정보만 찾아 빠르게 읽어나가는 것이다. 메타인지를 활용하는 방법이다. 내가 무엇을 이해하고 있고, 무슨 지식을 필요로 하는지 파악한 다음 필요한 부분만 찾아본다. 발췌독을 잘하는 방법 역시 먼저 저자 소개와 목차를 읽는 것이다. 그리고 목차에서 나에게 맞는 부분을 추려낸 다음 그 부분을 위주로 읽고 덮는다. 더 기억에 남으려면 책에 줄을 긋고 메모를 한다. 그런 다음 또 새로운 책들을 찾아 나선다. 만약 도서관에서 빌려 읽는다면 최대한 메모해놓는 것이 좋다.

영상의 경우도 마찬가지로 처음에는 정속도로 볼 것이다. 그러다 점차 이해되는 게 많아지고 아는 내용이 반복되면 속도를 낸다. 1.5배속으로도 이해가 된다면 2배속으로 속도를 높여 보면 된다. 더 많은 정보를 짧은 시간에 습득하고, 배운 만큼 정리하는 것이 좋은 습관이다. SNS에 올리면 나뿐 아니라 다른 사람에게도 도움이 될 수 있다. 배운 만큼 실행으로 바로 옮기는 것도 잊지 말자. 조급해하지는 말되 효율적으로 공부하는 방법을 늘 찾아라. 시간이 금이다.

그리스 신화에 시간의 신인 '크로노스'가 나온다. 크로노스는 태초의 신이자 제우스의 아버지다. 그는 낫과 모래시계를 들고 있으며, 현재를 파괴하면서 또 다른 시간을 생산해낸다. 《나는 4시간만 일한다》의 팀 페리스처럼 살고 싶었던 나도 처음부터 잘되지는 않았다. 할 일이 너무 많은데… 좌절감이 들었다. 어떻게 노력해도 시간을 늘릴 방법을 찾을 수 없었다.

고민하던 중 시간의 질적 사용 방법에 대해 알게 되었다. 내가 시간 부족에 연연했던 것은 크로노스에 집착하는 것이었다. 대신 주도적이고 효율적으로 시간을 쓰는 '카이로스'에 대해 알게 되었다. 카이로스는 시간에 특별한 가치가 부여되는 것을 말한다. 한 시간을 보내도 집중해서 효율적으로 보내면 두세 시간의 효과가 난다. 카이로스 방식을 아느냐 아니냐에 따라 똑같은 시간이라도 효율성이 달라진다.

"세월은 누구에게나 주어진 자본금이다. 이 자본을 잘 이용한 사람이 승리자가 된다." 아뷰난드의 말이다. 시간은 공평하다. 나는 그 시간을 효율적으로 사용했기에 지금과 같은 결과를 얻었다. 특히 황금 같은 주말을 잘 활용하라. 남편도 아이도 나도, 모두가 행복해진다.

'엄마'의 경험이
다이아몬드가 되는 순간

"어머니, 헬렌 어떻게 키우셨어요?"

얼마 전 첫째 아이 학부모 상담 때 유치원 선생님이 질문하셨다. "네?"라며 눈이 동그래진 나에게 선생님은 이어 말씀하셨다. "헬렌 정말 기특해요. 아이들이 어려울 때 도와줘요. 놀이에 매우 적극적이에요. 미술놀이 때 굉장히 집중하고요. 발표를 잘해요. 재미있는 이야기를 잘해서 분위기 메이커고요. 반에서 정신적인 리더 역할을 해요. 아이들이 헬렌을 정말 좋아해요. 어머니께 어떻게 키우셨냐고 제가 역으로 여쭤보고 싶었어요."

말이 다 끝나기도 전에 내 뺨이 뜨거워졌다. 눈물이 줄줄 흐르고 있었다. "정말 감사합니다. 저도 매일이 기적 같아요"라고 대답했다. 선생님 앞에서 목놓아 펑펑 울었다. 7년을 키웠지만 30년을 보낸 것 같은 육아를 했다. 아이는 밤에 잠을 자지 못했다. 빛이 무섭고 피부가 따갑다는 아이와 낮이고 밤이고 생활하기 어려웠다. 촉각에 민감해 두 돌에 나와 처음 손을 잡았으며, 석돌에 처음 낯선 사람과 이야기를 했다. 자폐스펙트럼, ADHD, 불안 등 공부하지 않은 발달장애가 없다.

둘째도 별반 다르지 않았다. 둘째 아이는 한 번 울면 몇 시간이고 멈추지 않았다. 등 대고 누워 있질 않아 '공중 육아'는 6년째 이어졌다. 허리와 무릎은 결딴났다. 울기도 많이 울었다. 맞지도 않는 조언을 하는 사람 앞에서 욕이 나올 뻔한 적도 한두 번이 아니다. 하지만 나의 노력 때문인지 아이들은 생후 만 3년 차에 대부분 안정되었다. 나의 뼈와 살을 갈아 육아했다고 해도 과언이 아니다. 그런 아이들이 이제 어딜 가도 칭찬받는 아이들이 되었다. 이 노하우를 첫 책《예민한 아이 육아법》에 담았다.

뼈를 깎는 육아에서 얻은 것

나는 수년간 인터넷 육아카페에서 부매니저직을 맡았다. 열심히 활동하다 어느 순간 보니 내가 중요한 위치에 있었다. 숲 놀이, 놀이모임 등 각종 모임을 만들어 운영했고 '엄마습관 도서관'을 만들어 하루 한 장 육아서 읽기 운동도 했다. 아이를 낳기 전에 우울증과 알코올중독에 빠져 있던 나는 마치 애벌레가 번데기를 거쳐 나비가 되듯 힘든 시기를 지나 다시 태어났다. 나의 인생은 이처럼 엄마가 되기 전과 후로 나뉜다. 그래서 나는 말한다. 인생 역전을 하고 싶으면 아이를 낳고 육아를 진짜 열심히 해보라고.

나는 욱하는 성격을 가진 사람이었다. 고요하다가도 한 번씩 불같은 화가 올라오곤 했다. 그런데 아이를 키우며 그 불같은 화를 다스려야만 했다. 아이에게 허구한 날 소리 지르고 화낼 수는 없지 않은가. 매 순간 화를 다스려야 했다. 나의 모든 에너지는 내 화를 다스리는데 쓰였다. 진정하고, 심호흡하고, 아이 눈을 보고 똑바로 말하기. 얼마나 어려웠는지 모른다. 그렇게 나는 나를 다스리는 능력을 태어나서 처음으로 탑재하게 되었다. 매일 24시간 6년간 하드 트레이닝을 받았다.

그리고 비로소 나 자신을 보게 되었다. 매일같이 세상 돌아가는 거에 쫓겨 살던 나는 온데간데없어졌다. 늘 다른 사람의 비위에 맞추어 행동하던 나였다. 그런데 이제 내가 무엇을 원하는지, 내가 가진 생각은 뭔지, 다른 사람들과 내가 다른 점은 뭔지, 매일같이 나를 들여다보았다. 다른 사람이 아닌 나 자신에게 질문했다. 그러자 내가 정말 하고 싶은 것에 집중하게 되었다.

나에게 주어진 시간은 아이들 재우고 남는 밤 시간이었다. 첫째를 키울 때는 밤에 시간이 남았다. 아이를 재우고 밤마다 내가 진짜 원하는 걸 했다. 내가 하고 싶은 걸 실컷 파고 뒤지고 실행했다. 그런데 둘째를 키울 때는 밤마다 잠들기 일쑤였다. 아이 둘 이상인 엄마는 이해할 것이다. 하나를 키우는 것과 둘을 키우는 것은 에너지 소모가 다르다. 그러니 둘째를 키울 때는 일정 시간이 지나면 기관을 잘 활용해야 할 것이다.

마지막으로 아이를 낳아 키운 후 세상을 보는 눈이 트였다. 첫째를 임신했을 당시 나는 미국 조지아공대에 재학 중이었다. 늦게 시작한 학업에 열정이 커서 아이 낳고 일주일 만에 학교로 돌아갔다. 그런데 밤에 잠을 못 자니 공부에 집중이 안 되고 골반이 틀어지는 등 도저히 내 뜻대로 되지 않았다. 올 A였던 내 성적표엔 난생처음 C가 찍혔다. 휴학하고 한국에 돌아왔지만 아이 돌 때 다시 돌아갈 결심으로 비행기 티켓을 끊어두었다. 하지만 아이가 돌을 맞은 즈음 나는 결국 티켓을 취소했다. 육아로 너무 힘들어 학업은 도저히 안 되겠다는 판단이었다. 속상했던 나는 결심했다. 이렇게 된 거 육아에 진짜 미쳐보자고, 애 한번 신명나게 키워보자고, 육아하는 1분 1초를 진정으로 느끼고 진심으로 감사해보겠다고. 왜냐하면 이 시간은 두 번 다시 오지 않을 거니까. 너무 힘들겠지만 이 또한 추억이 될 테니까.

사람이 너무 힘들면 초월하는 순간이 온다. 생각을 정리하고 육아에 몰입하자 많은 것이 다시 보였다. 책을 읽어도 깨달음이 달랐다. 깊게 파고 들어가다 보니 어느 순간부턴 남들이 보지 못하는 것들을 보게 되었다. 이를 사람들은 '통찰'이라고 부른다는 것을 알게 되었다.

이렇게 나의 인내심이 자라고, 나 자신을 보게 되고, 내가 하고 싶은 걸 하자, 세상을 보는 눈이 달라졌다. 그리고 공부도 일정 궤도에 올라가게 되었다. 내가 그만둔 일, 중단한 전공 공부, 그 열정으로 나는 아이를 신명나게 키웠다. 그리고 돈이 필요해서 돈을 공부했다. 처음엔 너무 서러워 눈물이 났다. 호리호리하고 예뻤던, 생머리가 허리까지 찰랑이던 시절이 그리웠다. 문득문득 아이가 밉고 내 인생이 억울했다. 그러면 하루 이틀 엉엉 울고 일어났다. 다시 주어진 생활 안에서 행복을 찾자 새로운 인생이 시작되었다.

육아는 최고의 무기를 얻는 시간

나는 커진 인내심으로 부동산 장기보유자가 되었다. 정부가 어떤 정책을 내놓아도 두렵지 않았다. 주식 시장의 요동에도 초연했다. 아무리 주가가 등락을 반복해도 대수롭지 않았다. 솔직히 말해서 뭘 해도 육아보다 어렵지 않았다. 가끔 상한가나 하한가를 맞을 때는 심장이 뛰고 잠이 오지 않은 적도 있다. 하지만 경험이 쌓이고 익숙해지자 이 또한 다스려졌다. 나는 농담 반 진담 반으로, 아이 낳고 육아하며 '도인'이 되었다고 말한다. 열심히 육아했기에 그만큼 내 그릇이 커졌고, 투자 성과도 따라서 좋았다.

《하버드 상위 1퍼센트의 비밀》의 저자 정주영은 이 시대의 가장 강력한 성공 공식을 전한다. 그는 부정적인 평가를 받던 사람들이 갑자기 돌변하는 경우가 있다고 했다. 돌연 슈퍼스타가 되고 최우수 성적 졸업자가 된다. 이들이 어떻게 했는지를 살펴보면, 부정적인 외부 평가를 차단하고 일정 기간 깊이 몰입해 단기간에 엄청난 성과를 만들어낸다. 나는 아이 낳고 자의 반 타의 반으로 세상을 차단했다. 몰입해 육아하며 공부했다. 수년간의 처절한 경험으로 말한다. 엄마가 된다는 것은 블랙 다이아몬드를 얻는 최고의 시기다.

우는 아이를 안고 달래며 길을 지날 때였다. 벤치에 앉아 있던 할머니가 이런 말씀을 하셨다. "그때가 좋을 때야." 땀을 뻘뻘 흘리던 나는 씩씩거리며 콧방귀를 뀌었다. 그런데 그 말이 뒤돌아 두고두고 생각난다. 이제야 알겠다. 정말 그때가 최고 좋을 때라는 걸. 내가 사랑하는 아이를 실컷 안을 수 있는 시기, 마음껏 뽀뽀해도 도망가지 않는 시기, 달콤한 아기 냄새에 취할 수 있는 시기, 그리고 이 세상이 바라는 것을 모두 내려놓고 진짜 나를 찾는 시기. 죽도록 힘들고 미치도록 행복한 이 시기를 1분 1초도 놓치지 말자. 마음껏 비우고 마음껏 성장하자. 그리고 부자 엄마가 되자.

부자 엄마가 되는
7단계 방법

　　　　　에릭슨과 프로이트, 피아제 등과 관련한 책을 읽으며 아동발달을 열심히 공부했다. 인간의 성장 발달에는 단계가 있다고 하기에 내 아이가 지금 어디에 해당되나 참고해 육아에 적용하기도 했다.

　성장 발달뿐 아니라 모든 중요한 것에는 단계가 있다. 되돌아보니 내가 부자 엄마가 되는 데도 단계가 있었다. 내가 거친 단계를 많은 엄마가 비슷하게 겪을 거라고 생각한다. 따라서 이 단계를 미리 알면 시행착오를 줄이고 자신에게 부족한 것을 채울 수 있을 것이다. 그리고 지도와 나침반을 가진 것처럼 더 쉽게 길을 찾을 수 있으리라 믿는다. 내가 부자 엄마가 되기까지 겪은 일곱 단계를 소개한다.

1단계: 고통

첫 단계는 고통이다. 시작은 누구나 어렵다. 첫 육아 역시 너무 힘들고 고통스러웠다. 잘해보려고 몸부림치지만 발버둥치면 칠수록 빠져드는 늪과 같았다. 뭐가 문제인지 자각하기도 힘들었다. 아이의 남다른 기질 때문인지, 처음 엄마가 된 나의 미숙함 때문인지, 혹은 계속 줄어드는 통장 잔고 때문인지, 그것도 아니면 약한 체력이 원인인지…. 너무 힘들 때는 이성적인 판단을 하기 어렵다. 대게 종합적으로 문제가 일어난다. 하나의 문제가 시작되면 도미노처럼 여러 문제로 번지기도 한다.

이럴 때는 항상 불안하고 수식 하락장을 민나기리도 하면 견뎌낼 힘이 없었다. 얼른 도망갈 생각부터 하고 내 눈앞의 돈을 지키기에 바쁘다. 멀리 내다보기가 힘들다. 정보를 알아도 소귀에 경 읽기다. 두려울 땐 모든 이성이 마비된다. 조금만 부정적인 뉴스가 나도 세상이 무너질 것 같다. 조금만 떨어져도 폭락이 올 듯하다. 이 단계에서 투자하면 어떤 상황에도 잃는다. 하락장에선 손절해서 잃는다. 상승장에서는 함부로 올라탔다가 꼭대기에 물려 잃는다. 투자로 돈을 벌지 못하는 단계다.

2단계: 동기유발

이 고통을 끝내고자 하는 내면의 강한 동기가 생긴다. 흔히 상담사를 찾아간다. 엄마가 직접 가고 운이 좋은 경우 남편이 함께 참여하기도 한다. 상담받은 내용대로 상황을 바꾸려 노력한다. 책을 읽고 영상을 뒤지며 방법을 찾는 경우도 있다. 돈 문제에 대한 자각은 늦게 일어난다. 대부분 먹고살 만하다고 느끼기 때문이다. 그런데 먹고살 만할 뿐 여유는 없는 경우가 많다. 실은 현재의 힘든 상황이 많은 부분 돈으로 해결된다는 것을 깨닫는다. 이미 많은 것을 거친 후다.

가슴 한편에는 의심도 있다. 맞는 것도 같은데 아닌 것도 같다. 보고 들은 건 많아서 알긴 알지만 직접 경험하고 확신이 들기까지는 시간이 걸린다. 누군가 옳은 말을 해도 과연 저 사람이 하는 말이 맞을지 의심한다. 마음의 갈등이 생긴다. 믿고 싶지만 과연 믿어도 될까 걱정된다. 갈팡질팡하면서 누군가 확신을 주는 사람을 찾게 된다. 하지만 확신을 얻어도 그때뿐, 경기가 안 좋으면 마음이 흔들린다. 주식도 이익이 나면 금방 팔아버린다. 혹은 버티고 버티다 바닥에서 손절하고 후회하는 경우가 생긴다.

3단계: 배움

책을 읽거나 스승을 찾아 나선다. 투자 책을 골라 읽는다. 유명한 강사를 찾아가 온라인 강의를 듣기도 한다. 이렇게 도움을 찾아 나섰을 때는 대게 바닥을 찍은 경우다. 사람이 변하고자 하는 동기가 생길 대는 대게 최악의 상황일 때가 많다. 다른 사람의 성공을 보는 경험이 자극제가 되기도 한다.

　좋은 멘토를 찾으면 수용의 단계에 이른다. 일단 믿어보게 되는 것이다. 내 불안과 의심을 내려놓고 받아들인다. 따라 해야겠다는 생각이 든다. 심장이 뛴다. 배운 걸 실행해보고 싶은 마음이 커진다. 좋은 멘토는 쉽게 이해하도록 가르친다. 배운 것을 바로 실행하는 것은 필수다.

4단계: 실행

배움이 제대로 이뤄졌다면 바로 실행하게 된다. 배운 만큼 움직이면 제대로 배운 것이다. 사실 책만 읽고 행동은 변하지 않는 사람이 많다. 강의를 들어도 잠깐 반짝일 뿐 다시 원상복귀된다. 다이어트랑 비슷하다. 하지만 강한 동기부여가 있다면, 혹은 정말 제대로 알려주는 사람을 만났다면, 그 말 그대로 밀고 나갈 수 있다.

실행으로 옮기다 보면 긍정적으로 변해간다. 직접 해보고 부딪히며 성공 경험이 쌓이기 때문이다. 반면 실패 경험이 쌓이면 다시 아래 단계로 내려간다. 다시 나에게 맞는 멘토를 찾아다니거나 투자는 옳지 않다며 비관해 완전히 떠나기도 한다. 반대로 성공 경험이 많아지면 뇌의 시냅스가 강해지고 몸이 기억한다. 그러면 경험에서 배우고 리스크를 관리하는 단계로 나아간다.

5단계: 위기관리

실행이 반복되며 경험에서 배우게 된다. 실패에서도 배운다. 나 자신을 알아간다. 내가 어떤 부분에 강하고 약한지를 알게 된다. 좋아하는 것 싫어하는 것도 느낀다. 그렇게 점점 성공 확률이 더 높아진다. 많은 경험 후에 남는 것은 결국 나에게 맞는 투자 원칙이다. 만약 미리 나를 알고 공부를 탄탄히 했다면 처음부터 좋은 성과를 낼 수 있다.

불안과 의심이 있었던 것은 배움과 실행이 부족한 단계였기 때문이다. 이 단계에서는 위험을 관리하게 된다. 미리 위험을 인식하면 더 이상 위험하지 않게 된다. 닭을 기를까 오리를 기를까 고려할 때, 비가 많이 올 것을 감안해 오리를 기르는 것이 투자라는 걸 경험으로 안다. 위험을 관리하며 내가 할 수 있는 선에서 투자하게 된다.

6단계: 나만의 방식

성공 경험이 쌓이면 확신이 생기게 된다. 하지만 확신은 계속 무너진다. 다만 위기관리 능력이 생기면서 무너지는 사이클까지도 대응할 수 있게 된다. 확신을 경계하고 꾸준히 공부한다. 그러면 고수에 입문한 것이다. 처음엔 거인의 어깨 위에 올라가서 따라 한다. 그러다 나만의 방식이 생긴다.

확신이 생기고 무너지고 하는 단계를 지나 성찰하는 단계에 이르게 된다. 이때는 보다 큰 그림을 보게 된다. 나에게 맞는 것이 가장 좋은 것이라는 깨달음도 얻는다. 나를 알고 나에게 맞는 옷을 입는 단계다.

돈이 돈을 벌어 계속 자산이 늘어난다. 부자라는 타이틀을 달게 된다. 나의 노하우를 알리게 된다. 굳이 알리지 않더라도 가장 가까운 가족부터 변한다. 가장 먼저 내 아이도 어릴 때부터 자산가가 된다. 돈에 밝고 세상의 이치를 배운다. 남편도 달라진다. 나를 대하는 모습이 달라지고 내 이야기를 신뢰한다. 나의 투자 방법을 따라 하거나 조언을 구하기도 한다. 그다음 친정이 변한다. 같이 의논하고 투자할 수 있다면 정말 복 받았다. 마지막 시댁이다. 시댁 어른들까지 영향을 받는다면, 그다음에는 가족 외의 사람들에게까지 내 영향력이 미치기 시작한다.

7단계: 부의 확장

돈이 많은 부자를 넘어 시간 부자, 사람 부자가 되는 방법을 찾게 된다. 판이 바뀌면 사람이 달라진다. 혹은 사람이 달라지면 판이 바뀐다. 전자든 후자든 당신은 조화로운 부자로 향하는 길에 서게 된 것이다. 내가 충만하게 채워지면 넘쳐흐르므로 나누게 된다. 그러면 주변 사람들이 변하거나 바뀐다.

잘되면 주변에 사람이 많아진다. 그런데 내가 잘된 것만 보고 다가오는 사람은 거리를 두는 것이 좋다. 운 좋게 큰돈을 벌었는데 내가 부족하면 불균형이 일어나고, 그 불균형을 해소하기 위해 사건 사고가 많아진다. 내가 바로서면 위기를 극복하며 자리를 다지고 성장한다.

나는 빠르게 성장했다. 삶의 경험이 많기 때문이다. 육아하며 일종의 득도를 한 덕분도 있다. 어떤 분야에서든 한 번은 통찰에 이

PART 1
부자 엄마는 왜 좋은 엄마인가

른 사람이 유리하다. 통찰은 연결되기 때문이다. 내 아이에게 좋아하고 맞는 길을 가도록 권할 이유다. 인생 경험이 많지 않고 육아가 그다지 힘들지 않은 상황일 수도 있다. 그러면 책을 많이 읽어라. 간접적으로 경험하라. 그러면 비슷한 효과가 난다. 여러분은 현재 어느 단계에 있는가? 어느 단계에 있든 중요한 것은 지속하는 것이다.

투자 수익을 지켜줄
시크릿 머니 법칙

　　　　　시험관 시술을 할 때였다. 정보란 정보는 다 뒤졌다. 당시 가입했던 불임 카페의 글은 거의 다 봤다. 구글을 뒤져 미국의 연구자료까지 읽었다. 최신 연구 자료를 보니 대중에게 알려진 것과 달랐다. 당시에는 시험관 시술을 받으면 한두 시간은 누워있다가 집에 가는 식이었다. 하지만 15분 정도 누워 있다가 바로일어나 활동하는 사람의 성공 확률이 더 높다는 외국의 연구결과가 있었다. 그걸 보고 나는 시험관 시술을 받은 후 벌떡 일어나 가벼운 스트레칭을 했다. 그리고 걸어서 맛있는 걸 먹으러 갔다. 우연인지 모르겠지만 정말 첫째 아이를 임신했다.

또 다른 연구결과를 보니 시술을 받고 크게 웃은 사람들의 성공 확률이 높다고 했다. 일리가 있어 보였다. 기분이 좋으면 몸이 더 쉽게 받아들일 것 아닌가. 그래서 나는 시험관 시술이 끝나면 매일 내가 좋아하던 토크쇼를 봤다. 수정란 착상 결과가 무사히 나올 때까지 매일 웃었다.

투자에 관해서라면 사실 전수할 시크릿 법칙이 너무 많다. 하루 세 시간 3개월간 지속하라는 이야기를 할까. 아이 키우며 하루 세 시간을 공부할 수 있다면 아주 훌륭하다. 3개월을 지속해서 습관이 되면 이후도 어렵지 않다. 5개 자산을 공부하라는 5의 법칙은 어떨까. 앞서 부는 금융, 정보, 사람, 건강, 시간이라는 5개의 항목으로 나뉜다고 했다. 나는 주식에 투자할 때도 5개 종목을 골라 분산투자 하라고 한다. 숫자 5는 팔레토 법칙과도 연관성이 있다.

투자가 즐거워야 한다

무엇보다 중요한 '머니 법칙'이 있다. 다들 간과하지만 가장 중요한 것은 바로 앞서 내가 시험관 시술에서 적용했던 '기분'이다. 나는 아이를 키우면서 아이의 기질을 형성하는 요인에 '기분의 질'이 있다는 것을 깨달았다. 적지 않은 충격을 받았다. 눈 맞춤, 상호작용 발달 등 내가 챙기지 않는 것이 없었다. 그런데 내가 기분의 질을 놓치고 있었다.

아이가 놀이 검사를 받은 적이 있다. 엄마와 아이가 노는 것을 보고 아이의 발달을 평가하는 검사다. 반응성 등 수많은 항목에서 거의 만점을 받았으나 기분의 질이 낮다는 평가가 돌아왔다. 낮은 것은 아이 기분의 질이 아니라 내 기분의 질이었다.

아이랑 열심히 눈 맞춤하고 상호작용하고 반응성을 높게 유지하며 놀았는데, 다 하고 있었는데 내가 신나 있지 않다니! 나와 아이를 찍은 영상을 보니 아이는 계속 웃으면서 나한테 얘기를 하고 있었다. 하지만 나는 완벽하지만 기계적인 반응이었다. 이런! AI나 다름없었다.

나는 육아서를 많이 읽었고 아이에 대해 빠삭하게 알았다. 그래서 잘하고 있는 줄 알았다. 그런데 흥이 없다니. 사실 놀이 검사를 받을 때 나는 둘째를 슬링에 안고 있었다. 늘 엄마 껌딱지 둘째를 안은 상태에서 첫째와 놀았으니까 힘들 수밖에. 그런데 그런 일상이 반복되고 있다는 것이 문제였다. 딱히 흠잡을 데는 없지만 앙금 빠진 붕어빵 같은 상황이었다.

이 사실을 깨닫고 아이와 놀 때 진짜 즐거워지려고 노력해보았다. 내 기분, 내 마음에 좀 더 중점을 두어보았다. 그러자 아이와 노는 게 재미있어졌고 아이도 너무 재미있어했다.

투자도 마찬가지다. 노력을 하지 말고 그저 즐겨라. 돈 공부가 재미있다는 걸 느껴야 한다. 그러려면 10년 후에 5배, 10배 갈 종목을 고르기보다는 먼저 배당주에 투자해서 배당금을 받기를 제안 한다. 돈이 먼저 들어와봐야 투자가 재미있다는 걸 느끼기 때문이다. 배당금을 받으면서 주식 공부를 해보라. 그러면 한 귀로 듣고 한 귀로 나가던 정보가 머릿속으로 쏙쏙 들어온다. 공부 능력이 배가된다.

투자를 잘하려면 재미를 붙여야 한다. 돈을 잃을까봐 전전긍긍하고 불안해하면 뭔가 잘못된 것이다. 공부가 부족한 탓이거나 내 그릇 이상의 돈을 넣은 경우다. 안전을 충분히 다져서 소액이라도 돈이 들어오게끔 포트폴리오를 설계하라. 그게 즐거워서 공부에 열정이 차오르면 좋다. 배우면 배우는 만큼 기회가 늘어나는 즐거움을 맛보게 된다.

나는 엄마들이 가장 놀라운 인간형 '호모 루덴스'가 되길 바란다. 호모 루덴스는 놀이하는 인간이다. 그리고 호모 사피엔스는 생각하는 합리적인 인간이다. 호모 루덴스는 호모 사피엔스를 뛰어넘는 미래형으로 불린다.

'머리 좋은 놈 위에 노력하는 놈 그리고 그 위에 즐기는 놈'이라는 말도 있지 않나. 4차 산업혁명을 이끌 미래 인재상으로 교육에도 적용되고 있다. 놀이 잘하는 사람이 요즘 콘텐츠를 휩쓴다. 투자도 놀이처럼 하라. 가볍게 재미로 놀라는 것이 아니다. 여기서 놀이는 정신적인 창조 활동을 말한다.

투자하는 즐거움을 알려면

먼저 모방 학습을 하라. 거인들의 방식을 따라 하는 것이다. 초보자가 빠르게 고수되는 방법은 바로 거인들의 어깨 위에 올라가는 것이다. 내가 닮고 싶은 거인을 선별하고 그의 책을 읽어라. 누군가 다른 사람을 분석해서 쓴 글 말고 그 사람이 직접 쓴 글이어야 한다. 나의 경우는 토니 로빈스의 저서를 읽은 다음 워런 버핏의 저서를 읽었다. 피터 린치, 앙드레 코스톨라니, 필립 피셔 등 거인들이 쓴 책들도 정독했다. 그리고 그들의 방법을 따라 했다.

그런 다음 나에게 맞지 않는 것을 덜어내라. 아무리 대가의 방법이라도 내 옷이 아닐 수 있다. 예를 들어, 필립 피셔는 집중투자자다. 달걀을 한 바구니에 담아 조심히 들고 가는 사람이다. 하지만 안전을 위해 분산투자하는 게 나에게는 더 맞을 수도 있다. 밤에 잠 못 자면서까지 무리할 필요는 없다.

그리고 내가 직접 해보고 나에게 맞았던 방식을 덧붙여라. 이거 하지 마라, 저거 하지 마라는 조언은 살짝 내려놓을 필요가 있다. 나에게 맞았던 것은 나만 안다. 그 시대에 맞는 새로운 방식일 수도 있다. 이렇게 거인을 벤치마킹한 것에 나의 것을 조금 첨가하면 완전히 새롭고 풍부한 맛이 난다. 내가 거인이 되는 것이다.

돈을 쓰는 즐거움이 있다. 돈을 버는 즐거움도 있다. 거기서 나아가 투자하는 즐거움을 알자. 공부하고 실행하고 결과를 맺는 그 과정을 느껴야 한다. 투자는 쉽지 않다. 인내가 필요하다. 흔히 높은 수익률은 인내의 결과다. 그 인내가 즐거우려면 끊임없는 공부가 답이다.

여기서 공부라는 것은 우리가 그동안 알고 있던 것과는 다르다. 고등학교 때 대학 가기 위해 잠 못 자고 책상 앞에 앉아 하던 그런 공부가 아니다. 그래서도 안 된다. 살아 숨 쉬는 공부, 내가 원해서 하는 공부, 실행력이 바로 따르는 공부여야 한다. 그러기 위해서 내가 가장 즐거울 수 있는 방식으로 공부하라. 왕년에 노느라 공부를 못했다면, 그 에너지를 지금 한껏 끌어올려보자.

PART 2

부자 엄마의
좋은 주식

들어는 봤지만 구분하지 못하는
엄마를 위한 주식 개념 100

　　내가 쓴 책《엄마의 주식 공부》를 읽은 분들의 서평을 보았다. 이렇게 잘 읽히는 주식 책은 처음이란다. 술술 넘어간단다. 하루 만에 다 읽었다는 사람들이 속출했다. 그렇게 쉽게 알려줄 수 있었던 건 내가 고수이기 때문이다. 내 책으로 주식에 발을 들인 엄마가 많다.

　시중의 주식 책들을 보라. 결코 쉽지 않다. 어려워서 읽다 포기했다는 사람이 많다. 그나마 끝까지 읽어도 실천했다는 사람은 드물다. 사실 주식만 어려운 것이 아니다. 돈 공부 자체가 어렵다. 특히 단어가 어려워 경제 기사를 읽지 못하는 사람이 많다.

하지만 여러분만 그런 것이 아니니 좌절 말자. 나는 경제 상식 필사 모임을 운영하고 있는데 시작하는 엄마들은 처음에 다 '멘붕'을 겪는다. 뭐 이렇게 어렵냐며, 생전 처음 보는 단어들이라며. 그런데 사실 내가 고른 책은 그중에 쉬운 책이다. 계속 접하면 경제 기사 읽기가 밥 먹는 일처럼 쉬워진다. 나도 아무것도 모르고 열정 하나로 불사르던 시절이 있다. 간절함으로 모든 지식을 스펀지처럼 빨아들이던 시절. 그때부터 차곡차곡 모은 내 머릿속 주식 원리를 요약한다.

〔기본〕

- **주식:** 주식회사가 돈을 조달하기 위해 돈을 받고 주는 증서. 주식회사의 자본을 구성하는 단위
- **주가:** 주식이 시장에서 거래되는 가격
- **주식회사:** 주식을 발행하여 팔고 자본금을 조달해 설립된 회사
- **주주:** 주식회사의 주식을 소유해 경영에 직간접적으로 참여하는 사람 혹은 법인
- **주주총회:** 주주가 모여 주식회사의 중요한 사안을 결정하는 의사결정회의
- **의결권:** 주주가 자신의 보유 지분만큼 의사 결정에 참

여할 수 있는 권리
- **시가총액:** 상장한 주식을 시가로 평가한 총액. 당일 종가 × 상장주식 수
- **공시:** 사업 재무 영업 등 기업의 상황을 투자자에게 알리는 것

〔지수〕

- **코스피:** 한국의 종합주가지수. 한국 유가증권 거래소에 상장한 기업들의 주가 변동을 종합적으로 표시한 수치. 대한민국 주식시장의 주가 흐름을 대표하는 지표
- **코스닥:** 코스닥 거래소에 상장한 중소기업 및 벤처기업들의 시가총액지수
- **S&P500:** 스탠다드푸어스(Standard Poors)에서 만든 미국 500개 대기업의 시가총액지수
- **다우지수:** 미국의 다우존스사가 1884년부터 미국의 30개 우량기업으로 산출한 종합주가시수
- **나스닥:** 벤처기업들이 상장한 미국의 장외주식 시장

〔거래〕

- **매수/매도:** 주식을 사는 것/주식을 파는 것
- **시가/종가:** 주식 시장이 열렸을 때의 주가/닫혔을 때의

주가

- **예수금:** 증권사 계좌에 임시로 보관하는 자금
- **호가:** 주식을 얼마에 사고팔겠다고 거래소에 올린 금액
- **동시호가:** 주식 매매 시 동시에 접수된 호가
- **거래량:** 일정 시간 동안 주식이 거래된 총량
- **거래대금:** 주식의 일정기간 거래량에 가격을 곱한 금액
- **시간외매매:** 주식 시장 정규시간 외 거래하는 것. 장전과 장후 거래로 나뉨
- **서킷브레이커:** 투자자들의 공포 매도를 막기 위해 세계 각국에서 도입한 주식 거래 중단 제도. 한국에서는 코스피나 코스닥이 전일 대비 8% 이상 1분간 폭락하면 1단계 발동
- **공매도:** 주가가 하락할 것으로 예상될 때 주식을 빌려 매도를 걸어놓는 것
- **숏커버:** 공매도를 걸어놓았는데 예상과 달리 주가가 상승하여 빌린 주식을 갚기 위해 매수하는 것
- **선물:** 미래 주가를 정해 선매매하고 후인도하는 것으로 파생상품임
- **수급:** 수요와 공급

[종류]

- **보통주:** 사람들이 보통 거래하는 의결권이 있는 주식
- **우선주:** 의결권이 없는 대신 배당우선권을 지급하는 주식
- **인덱스 펀드:** 주가지수의 움직임과 연동되어 동일한 성적을 낼 수 있는 간접 펀드
- **ETF:** 인덱스 펀드를 주식 시장에 상장해 편하게 거래할 수 있는 상품
- **우량주:** 안전하고 성장성이 높으며 수익도 좋은 기업의 주식
- **테마주:** 정치 및 사회적 이슈에 주가가 움직이는 기업의 주식
- **IPO:** 기업이 유가증권시장에 상장하기 위해 기업을 공개하는 것
- **공모주:** 새로 발행하여 투자할 사람을 구하는 주식
- **공모주청약:** 투자자가 주주가 되기 위해 공모주를 신청하는 것
- **신주인수권:** 새로운 주식을 얻을 수 있는 권리
- **공시:** 사업 재무 영업 등 기업의 상황을 투자자에게 알리는 것

〔배당〕

- **배당**: 회사 이윤 중 일부를 주주에게 나누어주는 것
- **배당수익률**: 주가 대비 한 주당 배당금 비율
- **배당성향**: 당기순이익 중 배당금 비율
- **배당기준일**: 배당을 지급하기 전 배당을 줄 주주를 결정하기 위해 기준이 되는 날
- **배당락**: 배당기준일이 지나 배당을 받을 권리가 없어지는 것 혹은 주식배당으로 주식이 늘어나면 시가총액을 맞추기 위해 주가를 인위적으로 떨어뜨리는 것
- **중간배당**: 결산 후가 아닌 사업연도 중 하는 배당

〔재무제표〕

- **재무제표**: 기업의 재정 상태 및 경영 성과를 공개하기 위해 작성된 회계보고서
- **별도재무제표**: 자회사 없이 모회사의 사업실적만 기록한 재무제표
- **연결재무제표**: 모회사와 자회사의 회계를 종합해 작성하는 재무제표
- **재무상태표**: 특정 시점 기업이 보유하는 자산과 부채 그리고 자본을 기록한 보고서
- **손익계산서**: 기업의 당해 경영활동으로 발생한 이익과

손실을 기록한 보고서

- **현금흐름표:** 일정 기간 기업의 현금 흐름을 나타내는 표
- **대차대조표:** 특정 시점 기업이 보유하는 자산 부채 자본의 잔액을 차변과 대변을 활용해 정리한 표
- **주석:** 재무제표를 구성하는 4개 표, 즉 재무상태표, 손익계산서, 현금흐름표, 대차대조표를 더 잘 이해할 수 있도록 추가 설명하는 것
- **재무비율:** 기업의 수익성, 안정성 그리고 성장성 등을 나타내는 비율

〔재무상태표〕

- **자산:** 경제적 가치가 있는 유형 혹은 무형의 재산
- **자본:** 순자산. 자산에서 부채를 뺀 금액으로 자본금과 잉여금의 합
- **자본금:** 주식회사를 설립할 때 주주들에게 투자받은 돈으로, 발행 주식 수 × 액면가액
- **부채:** 기업이 제3자에게 지고 있는 금전상의 의무로 쉽게 말해 갚아야 하는 남의 돈
- **유동자산:** 1년 이내 현금화할 수 있는 자산
- **유동부채:** 1년 이내 갚아야 하는 부채
- **유동비율:** 유동자산의 유동부채에 대한 비율로 유동자

산/유동부채

- **당좌자산:** 유동자산 중 현금화하기 쉬운 자산으로 현금성 자산 단기금융상품 매출채권 등
- **당좌비율:** 당좌자산을 유동부채로 나눈 것으로 당좌자산/유동부채
- **매출채권:** 기업이 상품을 판매하고 발생한 외상금과 어음 등 받을 채권
- **감가상각비:** 시간이 지나며 설비가 노후화된 만큼 자산을 차감하는 것

[손익계산서]

- **매출액:** 상품 판매 혹은 서비스 제공으로 얻은 수익
- **영업이익:** 기업의 영업활동에서 발생한 이익으로 매출액에서 매출원가와 판매비와 관리비를 뺀 것
- **매출원가:** 판매한 상품의 생산 원가 혹은 구입 원가
- **판매비와 관리비:** 매출원가에 들어가지 않는 영업비용으로 급여, 복리후생비, 감가상각비, 연구비, 광고비 등을 포함
- **법인세:** 법인이 소득 등에 대해 납부하는 세금
- **당기순이익:** 기업 전체 수익에서 모든 비용을 차감해 남은 순이익

- **특수관계자:** 회사의 대주주 및 오너의 친인척이나 관계인 등 특수관계에 있는 자

〔현금흐름표〕

- **영업활동현금흐름:** 기업의 주요 사업으로 인해 발생되는 현금 유출입
- **투자활동현금흐름:** 기업의 유가증권 및 유무형자산 등의 취득/처분으로 인한 현금 유출입
- **재무활동현금흐름:** 자금 차입 및 상환, 배당금 지급 등 재무활동으로 인한 현금 유출입

〔지표〕

- **PER:** 주가수익비율. 주가를 주당 이익으로 나눈 것으로 주식 가치가 이익 대비 고평가되었는지 가늠하는 지표
- **PBR:** 주가순자산비율. 주가를 주당 순자산으로 나눈 것으로 기업의 청산가치
- **ROE:** 자기자본이익률. 투입한 자본 대비 얼마만큼의 이익을 나타내는 지표로 기업의 이익창출능력
- **EPS:** 주당순이익. 기업의 순이익을 총 주식수로 나눈 것으로 경영실적을 알 수 있음
- **BPS:** 주당순자산가치. 기업의 자산에서 부채를 뺀 순

자산을 발생주식 수로 나눈 것

- **ROA:** 총자산순이익률. 자산 대비 얼마를 벌었는지 보는 수치로 기업의 부채를 포함한 자산 운용 능력
- **EV/EBITA:** 시가총액에 순 부채를 더한 기업 가치를 영업이익으로 나눈 수치. 기업을 인수한다고 가정할 시 이익만으로 몇 년이 걸리는지 계산하는 것
- **PEG:** 주가이익증가비율. 주가를 주당순이익으로 나눈 주가수익비율(PER)을 다시 연평균 예상 EPS로 나눈 것으로 저평가 성장주의 수익 가치를 평가하기 위한 것
- **ROS:** 매출액에 대비 수익률. 영업이익을 매출액으로 나눈 것으로 매출액에 대한 수익 비율

〔주식회사〕

- **무상증자:** 주가 관리를 위해 주식을 발행해 기존 주주에게 공짜로 나누어주는 것
- **유상증자:** 기업이 자금 조달이 필요해 추가로 주식을 발행해 자본금을 늘리는 것
- **액면분할:** 보다 활발한 거래를 위해 주식 가격을 보다 작은 단위로 쪼개는 것. 예를 들어 1만 원 주식 하나를 5천 원 주식 2개로 바꿈
- **감자:** 시장에 발행한 주식을 줄이는 행위로 유상감자와

무상감자가 있음

- **무상감자**: 주주들에게 보상 없이 보유 주식의 일정 비율을 소각하는 것
- **유상감자**: 주주에게 주식 가액을 일부 환급하며 주식을 없애는 것
- **전환사채**: 주식으로 전환할 수 있는 선택권을 가진 사채
- **자사주매입**: 회사가 자기 회사의 주식을 주식 시장에서 사들이는 것으로 주주에게 이익을 환원하는 것

〔투자〕

- **안전마진**: 벤저민 그레이엄의 《현명한 투자자》에서 제시한 개념으로 주가와 가치의 괴리
- **가치주**: 현재 주식 가격이 기업 가치에 비해 저평가된 주식
- **성장주**: 크게 성장해 주가가 오를 것으로 예상되는 주식
- **턴어라운드**: 어려움에 처한 기업이 조직을 개혁하고 경영을 혁신하여 실적이 개선되는 것
- **분산투자**: 포트폴리오에 여러 종목을 보유해 위험을 분산시키는 것
- **집중투자**: 한 종목에 집중해 수익을 극대화하는 투자 방법
- **기술적분석**: 주가 차트를 중심으로 매매 시점이나 투자 심리를 분석하는 것

- **기본적분석**: 회사의 재무와 사업성 경영 등 내재가치를 분석하는 것
- **가치투자**: 주가는 결국 기업의 가치를 수렴한다는 믿음을 가지고 좋은데 상대적으로 저렴한 기업을 찾아 투자하는 방식
- **장기투자**: 좋은 기업을 찾아 장기간 투자하는 것
- **단타**: 짧은 기간 내 주식을 매수하고 매도하는 트레이딩 투자 방식
- **스윙**: 단타와 장기투자 중간에 해당하는 며칠 혹은 몇 주 내 사고파는 투자 방식

처녀 적 토플 어휘 공부할 때가 생각난다. 주식 용어도 토익이나 토플처럼 공부하면 된다. 단어를 쭉 적어놓고 무슨 뜻인지 적거나 설명하는 것도 좋겠다. 머릿속에 제대로 이해되었다면 당신은 '주린이'를 벗어난 것이다. 이제 본 게임을 시작하자.

3년, 5년, 10년간 보유할 종목 고르는 전략

　　나는 회사를 다니지 못한다. 다니지 않는다가 아니라 '못 한다'가 맞는 표현이다. 아이를 낳고서야 그게 내 예민한 기질 때문이라는 것을 알았다. 스무 살쯤에 회사를 다닌 적은 있다. 아침부터 저녁까지 컴퓨터 모니터 앞에 앉아 일했다. 콩나물시루 같은 지하철은 고통을 가중시켰다. 하기 싫은 일을 억지로 버티며 하다 병이 났다. 난소에 혹이 자란 것이다. 15센티미터나 되는 혹을 복강경으로 수술했다. 수술 후 지혈이 잘 안 되어 의식을 잃었고 다시 수술실에 들어갔다. 죽을 고비를 넘겼다.

여러분은 나처럼 회사에 다니기 힘든 성향이 아닐 수도 있다. 하지만 엄마라면 다들 한 번쯤 선택의 기로에 놓여봤을 것이다. 육아를 선택하면 경력 단절이 생긴다. 반대로 회사를 선택하면 육아를 일정 부분 내려놔야 한다. 이런 상황에 주식투자는 좋은 대안이 될 수 있다. 회사를 다니는 대신 회사에 투자하는 것이다. 영업을 잘하고 이익이 남아 직원에게 급여를 지급하는 사업체를 찾아 투자한다. 내가 다니고픈 회사를 선택하는 것도 좋다. 이렇게 하면 관련 업종에 대한 공부도 자연스럽게 하게 된다. 돈도 버는 건 물론이다.

회사에 다닐 수 없다면 회사에 투자하라

처음엔 장기투자가 좋다고 해서 시작했다. 워런 버핏을 비롯한 주식 대가들은 잘 아는 종목에 장기 투자하라고 말한다. 이런 투자는 인스턴트 말고 진실된 것을 찾고픈 나의 욕구에 부합했다. 10년 보유할 기준으로 종목을 골랐다. 내가 투자한 회사들은 대개 3~5년 차에 수익이 났다.

배당받으며 싸게 사 모으니 더 오래 가지고 있어도 괜찮은데, 일찍 수익이 나서 정리하니 아쉬운 적도 있다. 내가 기업을 고르는 기준은 뭘까?

나는 기업을 고를 때 대표를 중요하게 여긴다. 도덕성, 리더십 그리고 위기관리 능력을 중시한다. 거기에다 야망이 있는 대표를 선호한다.

　우선 나는 도덕성을 중시한다. 도덕성은 주주 가치를 이루는데 중요한 요소다. 내가 투자한 돈을 얼마만큼 돌려받을 수 있느냐는 기업의 도덕성에서 비롯된다. 그리고 기업의 도덕성은 경영자의 인성에서 비롯된다. 그래서 나는 경영자 이력을 자세히 살핀다. 어떻게 살아왔으며 어떤 삶을 살고 있는지를 참고한다. 도덕적으로 해이하고 과거의 행적이 좋지 않은 사람이 대표로 있는 회사는 최대한 배제한다.

　누구나 실수는 할 수 있다. 그래서 실수를 어떻게 만회하는지를 본다. 나도 그런 인생이었기 때문이다. 최소한 나보다 나은 사람이어야 한다.

　사실 우리나라에서 도덕적인 경영자를 찾기 힘들었다. 한편으로는 이해도 됐다. '까마귀 노는 곳에 백로야 가지 마라'는 말도 있지 않은가. 혼자 깨끗해봤자 경쟁에서 밀리고 잡아먹힐 뿐이나. 그래서 깨끗한 경영인을 찾기보다 '그나마' 나은 사람을 찾는 것이 수월했다. 그럼에도 불구하고 도덕적인 경영인을 찾고 투자하려는 노력을 멈추지 않았다. 지각 있는 사람들이 주식 시장에 많아지면 자연스럽게 변화할 것이다.

　'주주 가치를 돌려주는가'는 기업의 도덕성이 가장 드러나는 부분이다. 소통이 잘되는지, 일정 배당금을 꾸준히 주려고 노력하는지, 함부로 유상증자를 하지 않는지, 주식 가격이 떨어지면 자사주를 매입하는 등의 노력을 기울이는지 살핀다. 무엇보다 경영을 제대로 해서 회사 가치를 올리는, 기본을 잊지 않는 대표여야 한다.

다음으로 리더십은 성과로 직결된다. 기업의 좋은 성과는 힘을 합치고 한 방향으로 나아가는 능력, 즉 팀워크에서 나온다. 팀워크는 궁극적으로 리더십을 가진 리더로부터 비롯된다. 지속해서 좋은 성과를 내는 회사를 보라. 거기에는 좋은 리더가 있다.

아이를 키워보니 좋은 리더십에는 좋은 권위가 있다는 생각이 들었다. 미국의 심리학자 바움린드는 부모의 양육 방식을 네 가지로 분류했다. 민주적, 독재적, 허용적, 방임적 양육이 그것이다. 여기서 주의 깊게 볼 부분은 권위에 대한 해석이다. 독재적 부모는 '권위주의적'인 부모다. 권위주의적인 부모는 아이의 말을 무시하고 자주 혼내기도 한다. 아이의 기를 죽이는 대신 부모가 높이 선다. 반면 민주적인 부모는 대화가 주요 수단이고 규칙이 존재한다. 아이를 깎아내리지 않고 아이 의견을 반영해 규칙을 조정하기도 한다. 아이는 꿈을 펼치며 부모의 기대도 저버리지 않게 된다. 이것이 바로 진정한 '권위'가 있는 부모다.

《네이비씰 승리의 기술》이라는 책을 보면 전쟁마다 좋은 성과를 낸 미 해군 네이비씰에는 극한의 오너십이 있다고 한다. 이 오너십의 핵심은 책임감이다. 보통 잘되면 내 탓, 안 되면 네 탓을 한다. 하지만 책임지는 리더는 안 되면 내 탓, 잘되면 네 탓을 한다. 이러한 리더 아래에 있는 부하들도 같은 리더십으로 아랫사람을 대한다. 그 결과 한마음으로 힘을 합치는 조직이 만들어진다. 그런 리더가 있는 조직은 금방 성과가 높아진다. 한 번 바뀐 조직은 어떤 리더가 와도 좋은 성과를 만들어내고 오히려 리더를 변화시키기도 한다.

또한 기업의 대표는 위기관리 능력이 있어야 한다. 우리나라는 유독 위기가 많다. 삼면이 바다로 둘러싸여 외세의 침입이 많던 대한민국. 지금도 별반 다르지 않다. 요지에 위치해 장점도 있지만 그만큼 호시탐탐 주변에서 침략 기회를 엿본다. 우리나라 주식의 시세를 좌우하는 사건이 너무나 많다. 달러, 엔, 위안화 그리고 북한도 한몫한다. 이러한 지정학적 상황에 잘 대처하는 기업이 살아남는다.

마지막으로 나는 야망 있는 기업인이 좋다. 꿈이 원대해야 한다. 10년 이상 장기투자하려면 그 정도는 돼야 나도 같이 꿈을 꿀 것 아닌가. 그리고 그 스토리텔링을 현실로 바꾸는 능력을 가져야 한다. 나는 주식투자가 정말 즐겁다. 나도 함께 꿈을 꾸고 미래를 상상하게 된다. 내가 갖지 못한 세상을 우리 아이들은 누렸으면 좋겠다. 하지만 나 혼자만으로는 안 되기 때문에 내 꿈을 이뤄줄 기업을 찾아 투자한다. 그러므로 그 꿈을 이룰 만한 에너지를 가진 대표를 선호한다.

주식은 험난한 인생의 동반자다

이런 기준에 따라 나는 10년을 보유할 회사로 엘지화학을 골랐다 (우리넷, 신일제약, 셀트리온 등도 마찬가지였다). 엘지화학 박진수 대표이사의 위기관리 능력을 보았기 때문이다. 그가 여수공장 생산과장으로 재직하던 시절, 새로운 공정 과정에 문제가 생겨 가동이 중단되었다. 일본의 기술 고문들은 재가동에 6개월이 걸릴 것이라고 말했다. 그는 일이 해결될 때까지 회사에 야전침대를 놓고 밤낮 일했고, 3주 만에 생산라인은 정상화됐다.

자기 한 몸 바쳐 회사를 구해내는 인물이었다. 그에 대해 알고 나서 엘지화학에 투자했다. 잘나가던 가전까지 점점 삼성에 밀리는 상황, 나는 엘지가 이 위기를 기회로 삼으려면 새로운 산업에서 성공을 이끌어내야 한다고 생각했다. 그런데 그룹에서 가장 앞선 행보를 보이는 회사가 엘지화학이었다. 역시나 수년 후, 그간 공들였던 2차 전지 사업을 중심으로 엘지화학은 코로나 위기를 기회로 만들어냈다.

상황이 좋을 때는 누구나 잘된다. 진짜는 힘들 때 가려진다. 힘들 때 내 옆에 누가 남는지 보아라. 그 사람이 진짜다. 경기가 안 좋을 때 사람들은 다 주식 시장에서 도망간다. 하지만 프로는 다르게 움직인다. 일정 비율 현금을 보유하다가 위기를 기회로 보고 투자한다. 판을 다르게 보는 것은 위기 극복의 대표적 능력이다. 위기에 빠르게 선택하고 집중해 살아남는 기업을 찾아라. 그리고 그 기업에 투자하라. 내 자산을 늘릴 것이다.

이처럼 나는 기술적인 분석보다 기본적인 분석을 중시한다. 당연한 것이 가장 어렵다. 이런 안목으로 회사를 고르고 자세히 분석해 또 한 번 추려낸다. 그렇게 어렵게 고른 회사와 오래 함께한다.

나는 가정환경이 좋지 않아서 참 외롭게 자랐다. 지금은 돌아가신 아버지는 나에게 자신의 가장 큰 실수가 나를 낳은 것이라고 말했다. 부모님과 일찍 헤어져 친할머니에게 매를 맞으며 자랐다. 혼전임신한 아기여서 미움받고, 딸이라서 구박받았다. 누구의 도움도 없이 항상 혼자서 많은 일을 극복해야 했다. 스무 살에 독립해 강아지를 키우며 비로소 조건 없는 사랑을 배웠다.

이런 나에게 장기투자는 힘든 세상의 한 줄기 빛과 같다. 주식투자를 함으로써 수많은 직원 및 경영인과 함께하는 셈이다. 한 회사를 오래 분석하다 보면 마치 회사 내부자가 된 듯한 기분도 느낀다. 험난한 세상에 주식회사라는 벗이 있어 즐겁다. 신뢰로 맺어진 나와 기업의 관계, 나는 거기서 꿈을 이룬다.

사업보고서와 재무제표,
이렇게 읽자

　　사업보고서와 재무제표를 읽지 않을 거면 개별회사에 투자하지 말아라. 개별회사에 투자하지 않아도 ETF에서 충분한 수익을 낼 수 있다. ETF는 쉽고 간편하다. 자동 분산 투자 되어 시장 평균 투자 수익을 내는 가장 효과적인 방법이다. 안전하게, 천천히 그리고 쉽게 부자가 되고 싶다면 ETF에 꾸준히 투자하면 된다.

　　다만 조금 아쉬운 건, ETF에 투자하면 수익률을 극대화하기 어렵다는 것이다. 예를 들어, 5년을 보유해서 5배의 수익을 내고 싶다면 ETF로는 쉽지 않다. ETF에 투자하다 보면 흔히들 시드머니(종잣돈)가 부족해서 딜레마에 빠진다. 시드머니가 클수록 수익도 커지기 때문에, 시드머니가 적다면 더 빠른 기간에 더 큰 수익률을 얻을 방법을 찾게 되는 것이다.

개별회사에 투자하면서도 안전을 추구하며 높은 수익률을 달성하고 싶다면, 사실 다른 방법이 없다. 사업보고서를 읽어야 한다. 사업보고서를 읽으면 실패 확률이 줄어든다. 주식은 감만으로 투자할 수 없다. 감만으로 투자하면 영문 모를 주가 하락에 잘못된 선택을 하기 쉽다. 또한 좋은 회사를 고르기가 어렵다. 회사를 철저히 분석하고 내부자 수준의 정보를 꿰차야 성공 확률이 높아진다. 분석력이 받쳐주면 주가가 하락해도 원인이 보이며, 같은 조건에서도 더 나은 선택을 할 수 있다. 그리고 실적을 바탕으로 근거 있는 인내심을 발휘할 수 있게 된다. 아는 만큼 보이고 인내하는 만큼 성공한다.

일단 사업보고서 열람부터 하라

그런데 사업보고서를 읽기란 결코 쉽지 않다. 나 역시 처음에는 눈이 빙글빙글 돌고 머리가 지끈지끈 아팠다. 하지만 꼭 읽으라기에 아무 생각 없이 일단 열람을 했다. 컴퓨터로 읽기 어려워 프린트했던 기억이 난다. 하필 엄청 복잡하고 큰 기업인 삼성전자 사업보고서를 인쇄했다. 책 한 권 분량이 나와서 식겁했다. 그래도 열람까지 가면 절반은 성공이다. 하지 않던 일을 했다는 것에 기립박수를 쳐야 한다. 내 강의를 듣는 수강생들의 이야기를 들어보면 사업보고서 열람까지 가는 길이 왠지 모르게 매우 험난하고 용기가 나지 않는다고 한다.

그래서 나는 일단 열람하라고 말한다. 사업보고서를 읽는 가장 첫 번째 방법은 바로 다트(dart.fss.or.kr)에서 사업보고서를 열람하는 것이다! 이 사이트가 생소하다고? 인터넷으로 '네이버 금융'에 화면에 들어가면 전자공시 탭에서도 사업보고서를 열람할 수 있으니 핑계는 금물이다. 변화는 아주 사소한 것에서 시작된다는 걸 잊지 말자. 일단 열람해보자.

- 다트에 들어가 기업 이름을 친다.
- 최근 올라온 분기보고서, 반기보고서, 혹은 사업보고서를 클릭한다.
- 미국 기업의 경우 미국 전자공시 사이트(www.sec.gov)에 들어가 검색창에 회사 이름을 치고 10K를 열람하면 된다.

그런데 사업보고서를 열람까지 했다면 조금은 읽게 된다. 한두 줄 읽다 보면 나도 모르게 일단 한 파트 읽어보게 된다. 그리고 한 파트를 읽으면 다른 파트도 한 번씩 클릭 정도는 하게 된다. 클릭을 하다 보면 그래도 눈에 들어오는 파트가 있고 조금 더 읽게 된다. 기분 좋은 날은 또 더 읽어진다. 그래서 자주 열람하라고 조언한다. 그러다 보면 어떤 운 좋은 날에는 사업보고서를 다 읽게 된다. 물론 대충 이해한 부분도 있고 그냥 눈으로만 억지로 읽은 부분도 있다. 하지만 한 번이 두 번 되고, 두 번이 세 번 된다. 이렇게 습관이 되면 공시가 올라올 때마다 제대로 읽게 된다.

나도 이렇게 사업보고서를 읽게 되었다. 처음엔 사업보고서를 열람하고 읽기가 귀찮았다. 글이 그림처럼 보일 때도 있었다. 하지만 사업보고서를 보고 투자한 기업과 아닌 기업의 차이가 눈에 띄게 생겼다. 전자의 경우에는 투자한 근거가 있어 버틸 수 있었지만, 후자의 경우에는 주가가 떨어지면 불안했다. 투자 성과도 달랐다. 이런 경험이 누적되어 나는 사업보고서를 꼭 열람하고 투자하게 되었다.

나의 성공은 사업보고서를 꼼꼼히 읽으려고 노력했기 때문이라고 말하고 싶다. 내 수강생들도 사업보고서를 읽고 회사를 분석하는 경우 투자 성과가 훨씬 높다. 직접 찾은 회사라 애착도 남다르다. 만약 열람에 익숙해졌다면 포기하지 말고 다음 가이드라인을 따라라.

1. 시간이 없으면 '사업의 내용'부터 읽어라

2. 감사의견에 숨은 위험 있다

3. 재무제표 변화 추이를 확인하라

4. 연구개발 비용과 성과를 경쟁업체와 비교해서 분석하라

5. 임원진, 주주, 계열사, 관계자들을 파악하라

6. 위기 시 이사의 경영진단 및 분석의견을 꼭 읽어라

　중요한 순서부터 나열했다. 시간이 없다면 가장 위의 것부터 해나가길 바란다. 사업의 내용은 사업보고서의 전체 요약본이다. 기업의 많은 정보가 정리되어 있다. 감사의견에서는 대부분 별문제가 없지만 가끔 문제가 있을 수 있다. 한 번만 클릭하면 확인할 수 있다. 재무제표를 볼 때는 올해의 실적만 보지 말고 수년간의 변화를 확인하면 좋다. 특히 큰 금액에 집중하라. 연구개발 비용은 회사의 성장과 직결되는 중요한 부분이다. 특히 경쟁업체와 비교하면 그림이 보인다.

　나는 특히 회사의 대표가 어떤 사람인지를 비롯해 임원진과의 관계, 직원 처우도 살핀다. 어린이집 고를 때도 교사 근속 연수를 가장 따지던 나다. 이사의 경영진단 및 분석의견에는 회사가 난관을 어떻게 헤쳐 나갈지 중요한 의견이 들어 있다. 중요한 내용은 대부분 앞에 있지만, 숨기고픈 내용은 뒤나 구석에 있다는 것도 잊지 말자.

재무제표로 기업의 민낯을 확인하라

사업보고서에서 재무제표는 기업의 민낯이다. 언어로는 같은 상황에서도 다양한 말을 할 수 있다. 하지만 숫자는 그렇지 않다. 재무제표는 진실을 말한다. 그런데 온갖 숫자로 가득한 재무제표를 들여다보면 머리가 어지럽다. 내가 생전 만져보지도 못한 돈이 거기에 적혀 있다. 억을 넘어 조 단위의 금액을 보고 있자면 이게 바로 가상현실이 아닌가 싶기도 하다.

하지만 엄마들은 할 수 있다. 왕년에 가계부 좀 적어봤다면, 재무제표를 한 번만 제대로 공부하면 된다. 그리고 뭐든 확실하지 않은 이 세상에 숫자가 주는 안정감은 상당하다. 수포자(수학포기자)도 재무제표 분석은 할 수 있다. 재무제표에서 할 수학은 더하기와 빼기뿐이다. 물론 재무제표로 다 확인할 수 없는 정보도 있지만 확인하는 것과 안 하는 것에는 큰 차이가 있다.

삼성전자처럼 큰 기업이라면 연결재무제표를 보면 된다. 여기에는 종속 기업의 재무제표가 모두 포함되어 있다. 종속 회사를 제외한 해당 기업의 실적을 확인하려면 별도재무제표를 읽고, 종속 회사가 없는 기업이라면 개별재무제표를 확인하면 된다. 재무제표를 쉽게 읽는 방법은 다음과 같다.

1. 큰 숫자부터 체크하라.

2. 유기적으로 해석해라.

3. 주석을 확인하라.

　재무제표는 재무상태표, 손익계산서, 현금흐름표, 대차대조표로 구성되어 있다. 재무상태표에서 자산 부채 자본을 살펴라. 그리고 자산과 부채에 큰 항목이 무엇인지 살펴라. 손익계산서에서 매출액 매출원가 판매비와 관리비 영업이익 당기순이익을 살펴라. 현금흐름표로 실질회사의 실질적 현금이 어찌 돌아가는지 살펴라. 영업활동 현금흐름이 좋고 기말에 현금이 기업에 누적되고 있는지를 살펴라.

　흐름이 어떻게 변하는지 보고, 크게 변동이 있는 항목은 주석을 찾아 읽어본다. 재무제표의 큰 그림은 다음과 같다.

- **재무상태표:** 자산, 부채, 자본
- **손익계산서:** 매출액, 매출원가, 판매비와 관리비, 영업이익, 당기순이익
- **현금흐름표:** 영업/재무/투자활동, 현금흐름, 기말현금성 자산

　급할 때는 네이버 증권을 충분히 활용하라. 네이버 증권에서 기업을 검색해 재무 탭을 클릭하면 매출액, 당기순이익, 영업이익 등

중요한 내용이 대부분 나온다.

　보다 자세히 공부하고 싶다면 《재무제표 모르면 주식투자 절대로 하지마라》, 《박 회계사의 재무제표 분석법》을 집에 사두고 한 파트씩 도장 깨듯 공부해도 좋다. 큰 그림을 이해한 후 필요할 때 찾아 읽는 것도 방법이다.

　또한 증권사 리포트는 중요한 정보를 알기 쉽게 요약해주고, 업종 평균과 전망과 함께 정리해서 알려준다. 증권사 리포트를 꾸준히 읽으면 주어진 자료를 전문가처럼 분석하는 방법을 배우게 된다. 하지만 처음엔 증권사 리포트도 머리에 들어오지 않을 수 있다. 그럴 때 가장 좋은 건 사전 조사를 하는 것이다. 평소 해당 회사의 유튜브, 블로그, 카페 글 등의 정보를 찾고 조사하라. 그러면 증권사 리포트 읽기 쉽고 사업보고서가 더 눈에 들어온다. 그리고 혹시 증권사 리포트를 보더라도 사업보고서를 직접 읽어야 한다. 그래야 타인의 정보를 맹신하지 않게 된다.

　사업보고서와 재무제표는 기간을 잡고 제대로 공부해야 할, 언젠가는 한 번 넘어야 할 산이다. 전체를 읽는 것을 목표로 하되 시작할 때는 최소한 사업의 내용은 읽어라. 그리고 네이버 증권의 재무 정보만이라도 충분히 이해하려고 노력하라. 물론 보다 많은 기회는 사업보고서를 직접 열람하고 재무제표를 분석하는 사람에게 있다. 앞서 강조한 것처럼 일단 열람만 하라. 그다음은 물 흐르듯 의지를 따라가면 된다.

개인 재무제표를 작성해보자

부자 엄마라면 이제부터 가계부 대신 개인 재무재표를 작성하자. 자산 내역을 한눈에 보고 관리하게 된다. 개인 재무제표를 한번 만들어보면 기업의 재무제표가 훨씬 쉬워 보인다.

우선 자산총계에 내가 가진 총 자산을 적자. 이는 부채를 포함한 금액이다. 예를 들어, 보금자리대출 2억 원을 받아 5억 원짜리 아파트를 샀다면, 자산에 5억 아파트를 적고 부채에 2억 원 보금자리 대출을 적는다.

그리고 자본총계에 3억 원을 적으면 된다. 자본총계는 자산에서 부채를 뺀 값이다. 내가 보유한 수익 창출이 가능한 모든 재산을 자산에 적는다. 먼저 자산총계에 총 금액을 적고 아래 항목에 세부 사항을 적으면 된다. 부채도 마찬가지로 총계를 먼저 적고 아래에 항목별로 기재한다.

현금흐름표는 연도별 들어온 중요한 수익과 지출을 항목별로 적어본다. 위에서 했던 방식대로 수익과 지출의 맨 윗칸에는 총 금액을 적으면 된다. 순현금흐름은 수익에 지출을 뺀 값이다. 직접 작성해보면 재무제표가 쉽게 이해되고 가계 자산도 잘 관리하게 될 것이다.

[개인 재무제표 작성의 예]

단위: 원

	2021	2020
재무상태표		
자산총계	600,000,000	500,000,000
아파트	500,000,000	400,000,000
주식	22,000,000	0
예금	6,000,000	7,000,000
부채총계	220,000,000	200,000,000
보금자리대출	200,000,000	200,000,000
사업자대출	20,000,000	-
자본총계(자산-부채)	380,000,000	300,000,000
현금흐름표		
수익	55,000,000	24,000,000
급여	24,000,000	24,000,000
예금인출	1,000,000	0
사업자대출받음	20,000,000	-
지출	50,000,000	25,000,000
생활비	30,000,000	25,000,000
주식투자	22,000,000	0
순현금흐름(수익-지출)	5,000,000	-1,000,000

엄마는 단 10만 원이라도
꾸준히 들어오는 배당금을 원한다

아이를 낳기 전의 나는 알코올중독자이자 우울증 환자였다. 이대로는 안 된다는 생각에 운동을 시작했다. 10년간 내 몸에 퍼부은 술을 끊었다. 금주 현상을 완화하고자 차나 탄산음료를 마시기도 했다. 그리고 매일 걷고 또 걸었다. 그러다 내가 뭔가를 해냈다는 증거를 하나 남기고 싶었다. 그래서 하프마라톤에 참가해 완주했다.

마라톤에 참가하면서 많이 배웠다. 달리다가 쓰러지거나 무릎 부상을 얻지 않으려면 미리 연습해야 한다. 생전 운동하지 않다가 갑자기 몰아서 하면 몸에 무리가 오기 때문에 작은 단위부터 시작해서 점진적으로 연습을 늘려가야 한다.

3킬로미터, 5킬로미터, 10킬로미터…. 단위가 늘어날수록 몸이 준비되고 성취감이 생긴다. 꾸준히 연습하다 보면 하프마라톤 20킬로미터를 뛸 준비가 된다.

주식투자도 이와 비슷하다. 처음 주식투자를 시작할 때는 다들 꿈이 거창하다. 10억 부자를 먼저 생각한다. 5배 오를 종목을 고른다며 열을 올린다. 복리를 계산하며 하늘로 솟구친 그래프를 그린다. 다 좋다. 다 좋은데, 딱 하나 빠졌다. 그건 바로 목표를 쪼개 실행하는 것이다.

배당투자를 권하는 이유

사람들은 원대한 꿈을 가지고 주식투자를 시작하지만 얼마 못 가 제풀에 꺾인다. 시작부터 장거리 경주를 생각하기 때문이다. 목적지를 너무 멀리 잡았기 때문에 가도 가도 멀다고 느낀다. 그러다가 포기하고 만다. 처음부터 3년, 5년 등 장기간 버틸 수 있는 사람은 없다. 돈을 넣어놓고 아예 잊어버리지 않는 이상 말이다.

그래서 처음에는 배당투자로 시작하길 조언한다. 배당 잘 주는 회사를 고르자. 물론 좋은 회사여야 하고 성장성도 있어야 한다.

그러면 버티면서도 중간중간 배당이 나와 즐겁다. 회사가 성장할 때까지 더 잘 기다릴 수 있게 된다. 돈 받으며 그동안 공부를 하면 공부도 더 잘된다. 그러다 보면 좋은 회사를 고르는 눈이 생기고 후에 좀 더 어려운 투자를 할 수 있게 된다.

《엄마의 주식 공부》라는 책을 썼을 때 부록으로 배당을 월급처럼 받을 수 있는 미국 주식 포트폴리오를 넣었다. 고심하고 엄선해서 포트폴리오를 짰고 나도 그대로 투자를 했다. 책대로 투자하면 이렇게 된다며 결과물을 보여줄 생각이었다.

그 후 매월 문자 메시지가 왔다. 달러로 배당이 들어왔다는 증권 계좌 소식이었다. 내가 투자한 기업들의 주가가 오르기도 했다. 이 문자를 캡처해 SNS에 올렸더니 다들 놀라면서 부록을 다시 읽어보겠다고 했다. 내 책을 읽었다는 사람은 많은데, 부록까지 제대로 읽고 따라 한 사람은 드문 듯했다. 간혹 배당금 잘 들어오고 있다고 감사하다는 댓글도 보였다. 정말 매월 달러로 배당이 들어오고 있다며 기뻐했다.

우리나라는 보통 1년에 한 번 배당을 준다. 하지만 점차 1년에 두 번 주는 반기 배당이나 3개월, 즉 분기별로 배당이 나오는 분기 배당도 늘고 있다. 대기업부터 그렇게 바뀌어가는 추세다. 주식 시장이 성장하고 자본주의가 발달하면 더욱 그렇게 될 것이다.

금융 선진국인 미국은 상황이 좀 더 낫다. 배당 문화가 안정적으로 자리 잡아 재미가 쏠쏠하다. 분기 배당을 주는 기업이 많고 월 배당을 주는 기업도 있다. 미국은 매년 배당 잘 주는 회사 리스트를 발표한다. 배당금을 50년 넘게 꾸준히 증가시킨 기업들은 배당 킹(Dividend Kings), 25년 넘게 증가시킨 기업들은 배당 귀족(Dividend Aristocrats), 10년 이상 증가시킨 기업들은 배당 챔피언(Champions), 5년 이상 증가시킨 기업들은 배당 블루칩(Bluechips)이라고 한다. 꼭 월 배당을 주는 기업이 아니라도, 분기 배당을 주는 기업을 분기별로 세 그룹을 만들면 월 배당이 나오도록 포트폴리오를 짤 수 있다.

배당투자, 이렇게 한다

먼저 월 배당이 나오는 기업을 따져보자. 미국의 부동산 기업 리얼티 인컴(Realty Income)이 대표적이다. 미국 부동산을 소유하고 싶으면 이 기업에 투자하면 된다. 이 기업은 부동산을 취득해 월그린, 달러 제너럴, 월마트 등 유명 기업에 임대를 놓는다. 리얼디 인컴에 투자하면 뉴욕과 캘리포니아 등 미국 핵심 상권의 상가들에 투자하는 효과를 낳는다.

메인 스트리트 캐피털(MAIN), AGNC 투자회사, 브룩필드 리얼에셋(RA) 등의 월 배당 기업도 있다. 현재 리얼티 인컴 외의 월 배당 기업은 대부분 캐피털 회사다.

월 배당이 나오는 ETF도 있다. SPHD, DIA, DGRW 등 종류도 다양하다. INVESCO S&P 500 HIGH DIVIDENED LOW VOLATILITY ETF(SPHD)는 월 고배당이 나오는 배당에 집중된 ETF다. 월 배당이 나오면서도 성장성이 높은 회사를 모아놓은 WisdomTree US Quality Dividend Growth Fund ETF(DGRW)도 있다. SPDR Dow Jones Industrial Average ETF Trust(DIA)는 다우지수를 추종하는 월 배당 ETF다. ETF에 투자하면 내가 직접 회사를 조사하고 고르지 않아도 되니 편하다. 매월 꾸준히 돈을 넣기만 하면 된다.

마지막으로 분기별로 그룹을 나누어 포트폴리오를 만드는 방법이다. 1-4-7-10, 2-5-8-11, 3-6-9-12 이렇게 세 분기로 나눈다. 회사마다 배당이 나오는 분기가 다르므로 각각의 그룹에 회사를 한두 개씩 배치한다.

그리고 월별로 얼마가 나올지 계산하면 된다. 개별 종목을 고르는 것이니 회사별로 공부해야 한다는 것을 잊지 말자. 그리고 종목 개수가 너무 많으면 관리가 어려우니 주의하자.

- **1-4-7-10 배당 기업:** 나이키(NIKE), JP모건 체이스(JPM), 글로벌네트리스(GNL), 램리서치(NRCX), SNDR S&P500 ETF(SPY), Invesco QQQ ETF(QQQ), 아메리칸타워(AMT) 등

- **2-5-8-11 배당 기업:** 애플(AAPL), AT&T(T), 코스트코(COST), 버라이즌(VZ), 마스터카드(MA), 스타벅스(SBUX), 오메가헬스케어(OHI), P&G(PG) 등

- **3-6-9-12 배당 기업:** 엔비디아(NVDA), 존슨앤존슨(JNJ), 마이크로소프트(MS), 비자(V), 3M(MMM), 유나이티드헬스그룹(UH), 뱅가드 S&P 500 ETF(VOO), 맥도날드(MCD) 등

한국 주식으로도 배당 포트폴리오를 짤 수 있다. 배당을 잘 주는 주주친화적인 기업, 그러면서 성장성도 있는 기업을 고른다. 우리나라에서는 삼성전자가 대표적이다. 미국 같은 배당 킹이나 배당 귀족은 아직 없지만 동서, 고려아연, 오뚜기, 한샘, 한온시스템 등의 배당 챔피언도 존재한다. 내가 뽑은 '엄마를 위한 배당 기업 리스트'를 소개한다.

- **〔배당 챔피언〕** 동서, 고려아연, 한온시스템, 이크레더블
- **〔배당 블루칩〕** 삼진제약, 삼영무역, KSS해운, 삼성전자, 유나이티드제약, 네오팜, 나이스디앤비, KCI, 진성티이씨, 한양이엔지, SK머티리얼즈, 인탑스

우선주는 어떻게 다를까?

우선주에 투자하는 방법도 좋다. 우리가 흔히 알고 있는 주식은 보통주, 즉 본주다. 보통주는 의결권이 있는 반면 우선주는 의결권이 없지만 배당 우선권이 있고 배당을 조금 더 준다. 참고로 의결권은 주주가 주주총회에 참석해 투표할 수 있는 권리다.

보통주 이름에 '우'자가 붙으면 우선주다. 예를 들어, 현대차는 현대차우, 현대차2우B 등이 우선주다. 현대차 주가는 2021년 6월 14일 현재 237,500원이고 현대차우는 116,000원이다. 본주에 비해 우선주가 50% 정도 싸다. 하지만 배당은 현대차 3,000원, 현대차우 3,050원으로 비슷한 수준이다. 배당 수익률로 따지면 현대차가 1.26%, 현대차우가 2.64%로 우선주의 배당 수익률이 훨씬 높다. 따라서 우선주에 투자하면 들인 비용 대비 배당 수익률이 훨씬 높아진다.

우선주 가격은 왜 이렇게 싼지 궁금할 것이다. 주식이 오를 때 우선주가 오르지 않으면 어쩌나 고민될 수도 있다. 보통 미국과 독일 같은 금융선진국은 우선주가 본주의 80~90% 선에서 거래된다. 우리나라도 삼성전자 우선주는 삼성전자의 90% 정도에 거래된다. 하지만 그 외의 주식들은 약 50% 선에서 거래되고 있다. 우리나라 주식 시장이 성숙할수록 이 갭은 줄어들 것이다. 나는 그래서 장기적인 관점으로는 우선주 투자도 좋다고 생각한다. 물론 본

주가 오를 때 그만큼 오르지 않을 수도 있다. 하지만 시간이 지나면 비율이 맞을 것이다.

시드머니를 늘리는 데 배당주 투자는 좋지 않다는 지적도 있다. 나도 그 부분엔 동의한다. 그러나 투자의 가장 첫 번째 관문은 시드머니를 늘리는 것이 아니라 투자를 지속하는 데 있다고 생각한다. 그래서 처음 주식투자를 시작하면 시드머니를 늘리는 계좌와 배당금 받는 계좌를 나누어 투자하는 것을 추천한다. 그렇게 하다 보면 나한테 맞는 투자가 어떤 것인지 알게 될 것이다. 그때까지 공부를 지속하고 포기하지 않는 것이 중요하다. 또한 배당투자를 하면 기업을 더 잘 분석할 수 있게 된다. 배당금 들어올 때마다 관심이 유지되고, 일일이 세금 계산하고, 회사에 얼마의 현금이 돌아가는지 좀 더 현실적으로 알고 분석하기 때문이다. 그러므로 배당투자를 하다가 노하우가 어느 정도 쌓였을 때 시드머니를 늘리는 투자 방식으로 바꾸는 것도 괜찮은 방법이다.

배당부터 받자. 일단 받고 시작하자. 그래야 재미를 붙일 수 있고 공부 의욕도 더 생길 것이다. 지금도 분기마다 내 앞으로 우편이 잔뜩 온다. 배당 통지서다. 주식을 단 한 주만 소유해도 배당금이 들어온다. 때마다 주주라고 일일이 연락이 온다. 이렇게 즐거운 주주 되기, 배당투자로 시작하자.

부자 엄마의
ETF 투자 따라 하기

앞서 사업보고서와 재무제표를 보지 않을 거면 주식투자 하지 말라고 했다. 정확히는 개별 종목에 투자하지 말라는 뜻이다. 이렇게 강력하게 말할 수 있는 이유가 있다. 근사한 대안이 있기 때문이다. ETF에 투자하는 것이다. 다시 말해, 사업보고서와 재무제표를 보지 않으려면 개별 종목이 아니라 ETF에 투자할 수 있다.

ETF는 많은 종목을 묶어 모아 싸게 파는 것이다. 예를 들어 KBSTAR 200은 우리나라 우량주 200개를 모아놓은 것으로, 코스피 200 지수를 추종한다. 종목 선정도 지수를 따라간다. 펀드매니저가 마음대로 종목을 골라 파는 상품은 '액티브 펀드'라고 한다. 이와 반대로 ETF는 '패시브 펀드'라서 운용사는 지수를 추종해 종목을 편입하고 관리만 한다.

이처럼 ETF는 경제 지수를 좇아간다. 경제가 성장하면 ETF도 자연스럽게 성장하고 수익이 나는 구조다. 역사적으로 경제 지수는 계속 성장해왔다. 40년 전인 1981년 코스피 지수는 100포인트였다. 글을 쓰는 2021년 6월 지금은 3255.41로 30배가 넘게 성장했다. 미국 ETF인 S&P 500 지수는 122.35 포인트였으며 현재 4255.15다. 40배 성장이다.

나는 미국 주식을 처음 시작할 때 ETF를 매수했다. 미국 주식 중에 뭘 골라야 할지 몰랐기 때문이 정확히 알지 못하는 종목에 내 소중한 돈을 걸 수는 없었다. 그래서 ETF에 먼저 투자하며 기업 분석을 공부했다.

가장 먼저 매수한 ETF는 Vanguard S&P 500이다. 미국 우량주 500개를 모아놓은 것으로, 미국 대표 경세지수 중 하나인 S&P 500 지수를 추종한다. 사실 처음엔 뭐가 좋은지 몰랐다. 워런 버핏이 아내에게 자신이 죽으면 S&P 500에 90%의 돈을 넣어두라고 유언장을 썼다는 이야기를 읽었다. 토니 로빈스나 제레미 시걸 등 다른 투자 대가들의 책에서도 S&P 500이 자주 거론되었고 유명한 액티브 펀드들도 S&P 500 지수와 수익률을 비교하곤 했다.

'아, 투자 좀 한다는 사람들도 S&P 500 지수 수익률을 기준으로 평가하는구나. 그만큼 이 수익률을 보통 사람들은 넘기 힘들구나. 잘 모르겠으면 그냥 S&P 500에 투자하면 되겠네.'

이 얼마나 좋은 세상인가! 내가 미국의 경제 성장에 투자할 수 있다니, 그리고 ETF에 투자하면 코딱지만 한 수수료를 내고 높은 수익률을 얻을 수 있다니. ETF에 투자한 내 해외 계좌는 5년 차 연평균 수익률이 10%였고 코로나 이후 더 성장해 6년 차에는 연평균 수익률 14%다. 종목 연구를 할 필요도 없었다. 나는 그냥 ETF에 돈을 넣어두고 관리만 했다.

ETF 수익률을 높이는 법

ETF 수익률을 높이는 관리 방법이 있다. 가장 먼저 정기적으로 돈을 넣는 것이다. 매월 얼마씩 넣겠다 정한다. 예를 들어 한 달에 30만 원씩 돈을 넣으면 된다. 물론 한꺼번에 돈을 넣을 수도 있다. 쌀 때 사면 된다. 하지만 고점에 물리면 당분간 주가가 떨어질 수도 있다. 시간이 지나면 그마저도 회복되긴 하지만 주린이는 여기가 저점인지 고점인지 알기 어렵다. 처음부터 마음고생하고 싶지 않다면 정기적으로 돈을 넣는 것이 좋다.

그리고 현금 보유가 중요하다. 일정 비율로 현금을 늘 보유하라.

예를 들어 투자금의 10%를 현금으로 들고 있다고 가정하자. ETF와 현금의 비율이 9:1일 것이다. 그런데 한쪽이 폭락하면 비율이 바뀐다. 예를 들어, 8.8:1.2가 되면 비율이 높아진 현금의 0.2를 ETF 매수에 사용하면 된다. 그렇게 9:1을 다시 맞추는 것이다. 반대로 ETF가 너무 많이 오를 수도 있다. 9.3:0.7이 됐다고 가정하자. 그러면 ETF를 조금 팔아 현금 비중을 늘린다. 나는 가능하면 ETF를 팔기보단 현금을 채워 넣어 비중을 맞춰 주식 수를 늘리라고 조언한다.

현금 보유는 ETF 투자뿐 아닌 개별 종목 투자에서도 지켜져야 하는 부분이다. 하락장에 현금이 있으면 파티가 열린다. 따라서 하락장도 두렵지 않게 된다. 바겐세일 기간에 뭘 살까 고민하느라 오히려 즐겁다. 그러니 ETF에 투자하다가 지수가 폭락했다는 소식이 들리면 비율을 맞춰 매수하면 된다.

ETF는 계속 늘려가면 된다. 죽을 때까지 가지고 가면서 배당금을 받고, 가끔 비중을 조절하는 것이다. 그러면 복리의 원리에 의해 훗날 당신은 부자가 되어 있을 것이다. 쓰고 남은 건 아이에게 증여하면 된다. ETF는 개별 종목처럼 팔았다 샀다 하는 것이 아니다. 꾸준히 늘려가며 자산화하는 것이다. 운용사가 알아서 지수에 맞게 종목을 교체해주고, 경제가 성장하는 만큼 성장한다. 얼마나 편한가.

ETF 수익률을 높이는 마지막 중요한 방법은 시장이 폭락할 때

평소 넣는 돈의 2배를 넣는 것이다. 내가 매달 30만 원을 넣었다면 폭락할 때는 60만 원을 넣는다. 이 방법은 세계적인 투자자 피터 린치가 조언한 방법이다. 시장이 10% 폭락할 때 두 배의 돈을 넣어라. 위기를 기회로 보는 투자자의 수익률이 훨씬 높았다.

〔ETF 수익률 높이는 운용 방법〕

- 정기적으로 돈을 넣는다.
- 시장에 큰 변화가 있을 때 리밸런싱(현금 비중을 조정)한다.
- 시장이 10% 이상 폭락할 때는 평소 넣는 돈의 2배를 넣는다.

마지막으로 현금 보유에 대한 팁을 전한다. 현금을 그냥 현금으로 보유하지 말고 채권에 투자하라. 채권은 비교적 안전하며 바람직한 수익을 안겨준다. 예금자보호법은 5천만 원까지다. 하지만 채권은 추심법으로 보호된다. 급한 돈 외에는 채권으로 현금을 보유하라. CMA 계좌를 활용하는 방법도 있다. 이 방법은 뒤에 4장에서 보다 구체적으로 설명할 것이다.

엄마 A는 주로 액티브 펀드에 투자했다. 펀드매니저가 운용하는 상품 중에서 가장 핫한 상품을 골랐다. 2~3년 돈을 넣어두었다가 빼서 갈아타는 방식으로 운용했다. 최근 ETF 투자에 대해 알고 액티브 펀드 투자를 해야 할지 ETF에 투자해야 할지 고민이다.

이런 경우 나는 가능하면 액티브 펀드보다 ETF에 투자하라고 조언한다. 액티브 펀드 운용매니저가 가장 참고하는 것이 ETF 수익률이다. 그들은 ETF 수익률을 넘는 것을 목표로 한다. 그만큼 ETF 수익률을 넘기기가 쉽지 않다. 연구 결과 액티브 펀드 수익률이 초반에는 ETF 수익률을 앞질렀다. 하지만 그 이상, 예를 들어 5년 이상 넘어가자 ETF 수익률이 훨씬 더 컸다.

2007년 워런 버핏은 공개적으로 내기를 제안했다. 10년간의 S&P 500 평균 수익률을 이기면 100만 달러를 주겠다는 것이다. 헤지펀드에 투자하는 '프로테제 파트너스'의 경영자 테드 세이즈가 이에 응했다.

2008년 1월 1일부터 시작된 내기에서 처음에는 액티브 펀드인 헤지 펀드 수익률이 더 높았다. 하지만 5년 차가 되자 워런 버핏이 주장한 대로 인덱스 펀드의 수익률이 훨씬 높아졌다.

이처럼 장기로 보면 ETF에 투자하는 것이 더욱 수익률을 높이는 방법이다. 운용 수수료도 무시 못 한다. 액티브 펀드 운용 수수료는 1~2%인데 반해, ETF의 수수료는 1% 미만이다. 예를 들어 미국 뱅가드 S&P 500 수수료는 0.03이다. KBSTAR 200의 운용 수수료는 0.017이다. 작은 수수료 차이 같지만, 복리 효과에 의해 훗날 결과에 큰 영향을 미친다. ETF는 철저하게 고객 중심의 상품이다. ETF가 출시되고 운용사 수익 구조에 지각변동이 일었다.

사놓으면 저절로 돈이 붙는다

여러분도 ETF의 혜택을 누려보길 추천한다. 한국 ETF와 미국 ETF 중 어떤 것을 선택할지 고민인가? 나는 초보일수록 미국 ETF에 투자하라고 조언한다. 왜냐하면 한국 ETF에 소액 투자해서 5년간 제자리에 머문 경험이 있기 때문이다. 반면 미국 ETF는 매년 일정 비율로 상승해서 내게 자신감을 안겨주었다. 그런데 나중에 코스피가 갑자기 3,000대로 상승했고 한국 ETF 수익률도 점핑했다. 그때 알았다. 한국 ETF는 개별 주식으로 치면 가치주와 같아서 시장에서 소외되다가도 경기가 살아날 때 한 번씩 제자리를 찾는다.

물론 한국 ETF를 싸게 사면서 기다릴 수 있으면 상관없다. 그런데 그건 고수의 영역이다. 초보자가 5년 동안 오르지 않고 심지어 마이너스가 되는 ETF를 보유하기 쉽지 않을 것이다. 아직도 한국 주가가 싸고 성장성이 높은 것은 분명하다. 따라서 미국과 한국에 반반씩 ETF 투자를 하면 좋겠다. 만약 초보이고 하나만 선택한다면 미국 ETF를 선택하길 바란다. 그리고 나중에 경력이 쌓이면 그때 한국 ETF에 투자해도 좋을 것 같다.

ETF에는 여러 종류가 있다. 앞서 말한 뱅가드 S&P500 ETF와 KBSTAR 200 ETF처럼 대표 지수를 추종하는 ETF가 대중적이다. 하지만 배당투자를 주로 하는 ETF나 반도체, 항공우주처럼 특정 산업 섹터 지수를 추종하는 ETF 등 여러 종류가 있다. 따라서 투자 아이디어가 떠오르면 ETF를 먼저 고려하는 것도 현명한 방법이다. 예를 들어 물가가 많이 오를 때는 안정적인 경기 방어주 ETF에 미리 똬리를 틀어두면 좋을 것이다.

바쁜 엄마에게도 ETF 투자는 매우 유용하다. 사놓고 매일 하루한 시간 경제 공부를 하면 충분하다. 계좌는 한 달에 한 번만 열어봐도 된다. 돈도 중요하지만 육아와 일도 중요한 엄마라면 ETF를 추천한다. 시간 대비 수익률이 높아 효율적이다.

ETF로 기대할 수 있는 수익률은 10~20% 정도다. 보통 10% 정도의 수익을 생각하면 된다. 20%의 수익은 QQQ 같은 미국 기술주 ETF로 얻을 수 있다. 보다 높은 수익을 얻을 수 있는 아크인베스트먼트의 ETF도 있다. 하지만 이러한 ETF는 그만큼 가격변동이 심해서 마음고생을 할 수도 있다. 가격에 지속적인 거품이 끼는 것도 문제다. 처음부터 QQQ 같은 ETF에 투자하고 왜 떨어지는 거냐고 물어보는 사람들이 있다. 수익률이 높은 ETF는 그만큼의 가격변동과 위험성이 존재한다. 그리고 당부하건대, 모든 투자는 하루 이틀 혹은 한 달 수익이 아닌 상기적인 관점에서 보는 것이다.

따라서 나는 처음엔 대표지수 ETF에 투자하라고 이야기한다. 재무제표 보지 않을 거면 ETF에 투자하라. 수익률이 높고 편하다. 뭐 하러 고생하며 돈까지 잃는가? 내 그릇과 상황을 빠르게 파악하자. ETF에 투자해서 편히 자산을 증식하자. 내 삶도 투자도 중요한 엄마라면 지금 당장 ETF를 공부하라.

주식투자 잘하는 엄마의
7가지 무기

　　　　　증권방송을 보면 남자 전문가가 나와 이야기를
하고 여자는 옆에서 질문을 던지는 일반인의 역할을 하는 경우가
대부분이다. 방송에서뿐 아니라 일상에서도 여자는 주식투자를 잘
못 한다는 고정관념을 가진 사람이 많다.

　　그러나 이는 사실과 다르다. NH투자증권이 2020년 자사 계좌
를 개설한 고객들의 연령대별 수익률을 분석한 결과, 20대 남성의
수익률이 가장 낮은 반면 30대 여성과 40대 여성의 수익률이 가
장 높았다. 이유는 계좌 회전률이 높지 않은 '단타'를 하지 않는다

는 것이다. 그리고 우량주에 장기 투자한다. 그런데 이 기사에 달린 댓글이 가관이었다. '아무것도 모르고 그냥 묻어만 두는 모르쇠 아줌마가 짱'이라는 댓글이었다.

여성, 그리고 '아줌마'에 대한 이런 편견에 대해서는 여기서 논하지는 않겠다. 우리가 주목한 것은, 수익률이 높았던 대상이 30~40대 여성이라는 사실이다. 그들은 '엄마 됨'을 직간접적으로 경험하는 나이다. 그렇다면 이런 중년층 여성이 주식투자를 잘하는 구체적인 이유는 뭘까?

1. 조심스러운 성향

이 나이대의 여성은 꼼꼼하고 조심스러운 경우가 많아서 함부로 도박을 하지 않는다. 본능적으로 여성은 가정을 가지고 아이를 낳으면 조심성이 커진다. 흔히 예민해진다고도 말할 수 있다. 나도 함부로 주식을 매수하지 않는다. 일단 한 주를 사보기는 한다. 그래야 공부할 의욕이 더 충만해지기 때문이다. 하지만 정식으로 내 포트폴리오에 넣기까지 많은 시간이 걸린다. 충분히 알아보고 조사하고, 그래도 가격이 싸다고 생각되는 지점에 가기 전에는 쉽게 움직이지 않는다. 세상에 주식은 많고 내 돈은 한정되어 있기 때문이다.

2. 인내하는 능력

두 번째는 인내하는 능력이다. 아이를 낳고 엄마들은 크게 변한다. 먼저 몸이 변한다. 잘록한 허리가 배불뚝이 되는 경험, 길고 긴 생머리를 댕강 자르는 결단…. 일도 아이도 폼 나게 다 잘하고 싶었는데, 쥐나는 다리를 부여잡으며 눈물 삼키고 일한다. 아이를 낳으면 좀 낫겠지 했는데 웬걸, 아이 낳고서가 진짜 시작이다. 잠 못 드는 밤, 공중 육아, 하루 종일 울고 웃는 엄마 껌딱지, 아무도 도와주지 않는 외로운 육아, 이 모든 것을 엄마는 모성으로 해낸다. 엄마가 되면 인내심이 정말 커진다. 이런 능력 덕분에 주가가 등락을 거듭해도 참고 버틸 수 있다.

3. 때를 알고 기다리는 능력

세 번째는 때를 알고 기다리는 능력이다. 아이를 낳고 키우면 '적기'에 대해 알게 된다. 아이의 발달에는 적기가 있다. 아이는 태어나 가장 먼저 애착 발달의 시기를 겪는다. 낯가리는 시기나 반항기도 있다. 이처럼 아이가 특정 욕구를 가지는 '때'가 존재함을 엄마는 경험으로 안다. 때가 맞아야 수월하고 고생하지 않는다는 깨달음도 얻는다.

첫째 아이는 사람들이 말하는 성장 시기와 도통 맞질 않았다. 아이는 낯을 오래 가려 27개월이 되어서야 비로소 가족들에게 다가갔다. 그리고 석 돌이 되어서야 타인에게 말을 했다. 이러한 내 아이만의 때를 알기 위해 면밀한 관심을 기울였다. 편향되지 않기 위해 전문가의 의견을 듣고 주변 아이들도 살폈다. 또한 남의 말에 휘둘리지 않고 스스로 생각하는 능력을 기르려고 노력했다. 이런 세심함을 주식투자에 적용했더니 성과가 좋았다. 육아처럼 주식에도 때가 존재한다.

4. 생각하는 능력

아이를 키우다 보면 남들의 조언이 맞지 않는다는 것을 알게 된다. '우리 애는 이렇게 눕혀 재웠더니 잠들었다'는 옆집 엄마의 조언, 아니면 '이렇게 하면 아이가 적응할 것'이라는 육아서의 조언. 그런 조언이 전혀 안 먹히는 우리 아이를 보면서 대체 어디서 나타난 외계 생명체인가 싶었다. 그래서 내 스스로 생각을 해야만 했다. 옳은가 그른가를 스스로 판단할 수 있어야 했다. 그리고 내 아이에게 맞는 걸 생각해야 했다.

이렇게 옳고 그름을 보고 생각해 판단하는 능력은 경제 자료들을 읽는 데 제대로 쓰였다. 경제가 어떻게 돌아가는지, 투자하는 회사에 어떤 일이 있는지, 그리고 언제 어떻게 투자해야 하는지 다양한 자료를 읽고 합당한 결론을 내릴 수 있었다. 그랬기에 남의 말만 듣고 덜컥 투자해 물리는 일은 없었다.

스스로 생각하는 힘이 없고 주입식 교육만 받고 자란 사람들에게는 그래서 육아가 어렵다. 아이의 눈을 보라는데 보고 어쩌란 건지, 아이와 엄마 본인이 중요하다는데 뭘 어떻게 하라는 건지. 떠먹이는 것만 받아먹다가 스스로 만들어 먹으려니 얼마나 힘든가. 그런 사람은 나처럼 고전을 읽으면 좋다. 《논어》나 소크라테스의 《변명》 같은, 생각에 생각을 거듭하게 하는 책들을 읽어라. 빠르게 머리가 트인다. 그제야 숨어 있던 자신의 능력을 발견할 것이다.

5. 새롭게 생긴 관심

아이를 키우며 엄마들은 자연스럽게 '다른 종류'의 관심을 갖게 된다. 예를 들어, 동네 좋은 키즈 카페가 어딘지, 어느 맘 카페를 이용해야 하는지, 어느 어린이집과 유치원이 나은지…. 내 중심이던 관심사가 아이 중심의 관심사로 옮겨간다. 마트에 가면 아이들이 가장 먼저 뛰어가는 코너를 관심 있게 보아라. 어린 세대가 반응하는 세상에 자연스럽게 눈이 뜨인다.

얼마 전 내가 올린 유튜브 영상에 누군가 댓글을 달아주셨다. 내 책 《엄마의 주식 공부》에 아빠의 가르침으로 중외제약에 투자하는 형제의 이야기를 담았는데, 그 주인공이었다. 아이들이 매수한 중외제약 주식은 좋은 수익을 냈다고 했다. 그 후 아이들 결정으로 카카오 주식을 3만 원대에 매수했고, 아이들은 이미 억대 주주라는 소식이었다.

이처럼 아이들은 새로운 세상에서 무엇이 잘될지 안다. 새로운 세상을 살아갈 주역들이기 때문이다. 아이를 낳고 키우는 것은 이렇게 좋은 투자 정보에 자연스레 노출됨을 의미한다.

6. 욕심부리지 않는 마음

처음에는 욕심을 부려도 본다. 좋은 병원을 알아보고 최고의 산후조리원을 찾는다. 태교에도 열을 올린다. 그놈의 유모차는 왜 그리 좋은 걸 샀던지. 우리 아이는 우느라 디럭스 유모차에 앉지도 않았다. 아기 옷은 또 얼마나 많이 샀나. 하지만 시나고 보면 그게 다 필요 없다는 걸 알게 된다. 나는 얼마 전에도 집에 아직 남아 있던 아기 옷을 다 기부했다. 정리와 버리기가 반복되며 이런 건 필요 없다는 걸 깨닫는다. 또 조기 교육에 어찌나 신경을 썼던지. 아이가 따라오면 운이 좋은 거지만 그렇지 못한 경우도 많다. 아이를 위해서 그리고 나를 위해서 과도한 욕심을 버리게 된다.

이렇게 욕심을 버리면 무릎에 사고 어깨에 팔 수 있게 된다. 매수와 매도 타이밍을 놓치는 가장 큰 이유 중 하나는 욕심이다. 더 싸게 사려고, 더 비싸게 팔려다가 때를 놓치는 것이다. 힘을 살짝 빼고 적당선을 유지하는 것은 공자의 가르침 중 '중용'과도 닮았다.

7. 올바른 세상이 되길 바라는 마음

마지막으로 올바른 세상이 되길 바라는 마음이다. 이 세상에 돈 벌 방법은 많다. 어떻게 보면 어둡게 돈 벌기가 가장 쉽다. 하지만 그런 방법 말고 보다 올바른 방법을 찾아 나서게 된다. 우리 아이가 자랄 세상이 아름답길 꿈꾸기 때문이다. 나처럼 산전수전 겪으면서 자라지 않길 바라기 때문이다. 그래서 주식투자를 해도 보다 좋은 회사를 찾게 된다. 분명 이 세상에 꼭 필요한 사업도 있다. 예를 들어, 대부업, 카지노, 담배회사 같은 사업 말이다. 돈을 쉽게 벌고 싶으면 그런 업종에 투자하면 된다. 하지만 나는 좀 더 양지를 선택했다. 돈도 벌고 세상도 잘되길 바라는 마음에서다.

세상에 각양각색의 사람들이 있다. 돈 버는 방법도 가지가지다. 엄마들에겐 아이 키우며 얻은 남다른 무기가 존재한다. 이처럼 새롭게 탑재한 재능으로 뭘 해도 잘할 것이다. 사실 사회는 그리 호락호락하지 않다. 나는 나이가 들었고 회사 문은 좁다. 새로운 사업을 시작하기엔 돈과 시간이 부족하다. 그렇다면 주식 공부를 하자. 다 직접 하지 않아도 된다. 집에서 공부하고 분석해서 돈만 넣으면 된다. 엄마 됨으로 얻은 능력을 제대로 쓸 기회다.

잠든 사이에 월급 버는 미국 투자

2021년 5월 13일 우주 여행 기업 '버진 갤럭틱 홀딩스'의 주가가 폭락했다. 아크인베스트를 운영하며 테슬라를 일찍 발굴하고 높은 수익률을 올려 국내에서는 '돈나무 언니'라고 불리는 캐시 우드까지 버진 갤럭틱의 주식을 일부 던졌다는 소식이었다.

버진 그룹의 리처드 브랜슨 회장마저 자사주를 매도했다. 나도 버진 갤럭틱에 많은 관심을 가지고 투자하고 있었기에 상황을 유심히 보았다. 회사 분석을 다시 했다. 브랜슨의 매도는 코로나19로

위기에 처한 버진 그룹 항공사를 구제하려는 목적이었다.

이후 로켓 발사가 또 지연되었다는 기사가 났다. 캐시 우드는 0.02%의 주식만을 남기고 전량 매도했다. 다음 일정을 제시할 수 없다는 기사가 났다. 이렇게까지 악재가 겹칠 수 없었다. 다른 미국 기사들을 뒤졌다.

우리나라에선 찾을 수 없었지만 일주일 후 일정을 다시 제시하겠다는 이야기가 있었다. 불현듯 이런 생각이 들었다. 이거 바닥일 수도 있겠는데?

얼마 후 버진 갤럭틱은 우주선 발사에 성공했다. 주가는 폭등하기 시작했다. 하지만 아직도 주가가 바닥 근처에 있어서 나는 조심스럽게 더 담았다. 이후 버진 갤럭틱은 계속 상승했다. 나는 《비즈니스 발가벗기기》라는 책으로 리처드 브랜슨을 처음 접했다. 난독증이고 학교를 중퇴했음에도 많은 사업을 성공 궤도로 올린 그의 남다른 노하우를 엿볼 수 있었다. 진지한 일을 즐거움으로 승화하는 괴짜인 그가 남다르게 느껴져 회사를 분석하고 투자하게 되었다. 리처드 브랜슨은 이후 7월 12일 첫 우주여행에 성공했다. 현재 버진 갤럭틱은 2022년부터 우주 여행을 상용화하려고 준비하고 있다.

이처럼 나는 지구 반대쪽에 있는 미국 회사에 투자한다. 한국의 해가 지면 미국에서 해가 뜬다. 미국 장은 보통 우리나라 밤에 열린다. 서머타임이 적용되지 않으면 밤 11시 30분 즈음이다. 나는 그 시간에 아이들을 재우며 같이 잔다. 미국 배당금이 들어왔다고 문자가 오는 시간은 오후 6시다.

처음에는 밤마다 미국 주가를 확인할 때도 있었다. 하지만 장기 가치투자자가 된 후로는 밤에 두 다리 뻗고 잔다. 내 계좌는 24시간 자라는 돈 나무다.

한국 시장과 미국 시장

여러분도 한국과 미국에 분산투자해보길 바란다. 미국 주식과 한국 주식은 각각 다른 매력이 있다. 미국 주식은 안정적이다. 자본주의가 성숙했기 때문이다. 우선주도 본주의 90% 선에서 거래되어 제값을 받는다. 또한 회복탄력성이 높아서 주식이 떨어지면 다시 올라가는 속도가 빠르다. 또 가치를 빠르게 수렴한다. 사람들이 부리나케 움직여 주가가 쉽게 제자리를 찾기 때문이다. 그래서 투자할 기회를 찾기 어려울 수도 있다.

미국 주식은 수익률이 높다. 전기차 산업부터 우주 여행까지, 현재 고도 기술 성장의 중심지는 미국이다. 파괴적인 혁신은 눈부신 성장을 이뤄낸 미국의 핵심 가치다. 새로운 것을 빠르게 받아들여 더 새로운 것을 창조한다. 그리고 기존의 체제를 깨고 과감히 나아간다. 이를 위해 세계 각지에서 기술자들을 불러 모은다. 성장성과 수익률은 깊은 관계가 있다.

또한 미국 주식은 배당을 잘 준다. 경영 세습 대신 전문 경영인을 선택하는 경우가 많아서 주주 가치를 돌려받기도 좋다. 앞서 소개했듯 자연히 분기별로 배당을 지급하는 회사가 많고 월별로 주는 회사도 존재한다. 배당을 50년 동안 계속 늘린 회사도 다수다. 배당이 꾸준히 나오고 계속 올라가기에 미국 배당주 투자는 경제 위기에도 방어력이 높다.

미국 투자는 ETF로 투자하는 것이 가장 간단하고 편하다. 물론 우리가 자주 접하는 미국 대기업은 국내 주식처럼 정보 열람이 쉽고 관련 뉴스도 바로 알 수 있으며 분석 영상과 글도 많아서 공부하려고 들면 어렵지 않다.

하지만 중소형주에 투자해 극적인 효과를 내기는 쉽지 않을 수 있다. 정보의 불균형이 분명 존재한다. 이런 부분을 감안하면 ETF에 투자하는 것이 방법이다. 영어나 환율이 낯선 사람에게도 좋은 방법이 된다. 미국 ETF는 대중적인 Vanguard S&P 500 ETF부터, 연평균 수익률 20%로 유명한 Invesco QQQ Trust Series 같은 나스닥 지수 추종 ETF도 있다.

ETF 다음은 역시 배당투자다. 나는 나중에 감 떨어진 할머니가 되면 미국 배당주에 넣어놓고 편히 살 계획이다. 미국 배당투자는 안정적이고 성장성 또한 좋다. 분기별 혹은 매월 배당을 받을 수 있기 때문에 현금 흐름을 만들어내기 탁월하다.

미국 투자로 성과를 극대화하는 법

마지막으로 미국 투자를 통해 성과를 극대화하는 방법을 소개한다. 그건 바로 미국 기술주에 직접 투자하는 것이다. 미국에 좋은 기업은 널렸다. 하지만 한국보다 극대화된 수익을 낼 수 있는 투자는 바로 기술 산업에 투자하는 것이다. 선도적인 기술 산업 분야에서 좋은 회사를 찾아 투자하라. 다만 이런 회사에 투자하면 마음고생이 만만치 않다.

예를 들어, 테슬라에 일찍부터 투자했던 사람은 수년간의 마이너스 계좌를 견뎌야 했을 것이다. 이처럼 오랜 기간 실적을 보이지 않고 주가가 횡보할 수도 있다. 하지만 대표에 대해 잘 알고 그 기업의 성장성을 믿는다면, 그리고 해당 기술을 이해하고 변화에 대처할 수 있다면 좋은 결과가 있을 것이다.

나는 이런 안목으로 캐시 우드보다 빨리 3D 프린터 산업의 대표주자 중 하나인 3D SYSTEMS의 주식을 샀다. 2016년 1월 8달러에 매수했고, 2021년 초에 48달러인 6배의 수익을 거뒀으며, 이후 비중 조절해 일부를 계속 보유하고 있다. 2013년 세계 최초로 3D 프린팅 기술을 이용해 제작한 총이 발사에 성공했다는 뉴스가 영국 BBC에서 보도되었다. 나는 당시 투자를 몰랐지만 기술 발전에 놀랐다.

돈 공부를 시작하며 그때 읽었던 기사가 떠올랐다. 유럽사이버 범죄센터에선 이 기술로 범죄자들의 총기 입수가 쉬워질 것을 우려했다. 세상을 바꾸는 혁신적인 기술은 지하세계부터 빠르게 보급된다. 이 기술을 양지로 끌어올리는 것이 중요하다.

나는 이를 떠올리고 3D 프린팅 산업에 투자해야겠다고 생각해 모든 3D프린팅 회사를 뒤졌다. 이중 고른 것이 3D SYSTEMS다. 당시 가정용보다 의료기술 쪽으로 사업 방향을 잡고 있다는 점이 마음에 들었다.

미국 기업을 분석할 때는 먼저 야후 파이낸스(finance.yahoo.com)를 참고하면 좋다. 유명 대기업은 네이버 증권에서도 간단한 정보는 확인할 수 있다.

영어라서 어렵게 느낄 수 있지만 거의 똑같은 단어가 반복되니 그것만 알면 어렵지 않다. 빌리언이나 밀리언 등 앞서 설명한 미국 돈 세는 방법도 잊지 말자.

미국에 투자하면 또 다른 파이프라인이 생긴다. 한국에도 좋은 기업은 많지만 미국에는 또 나른 종류의 기회가 존재한다. ETF, 배당투자, 기술주 투자 등 입맛에 맞게 고르면 된다. 구더기 무서워 장 못 담그랴. 영어와 환율의 어려움은 누릴 장점에 비해 사소하다. 남들 잘 때 지구 반대쪽 해를 맞이할 준비를 하자. 마지막으로 야후 파이낸스로 미국 기업 정보를 확인할 때 참고할 용어들을 소개한다.

〔Summary〕
- Previous Close 전일 종가
- Open 금일 장초 시작가
- Bid 매수가(즉시 매수 가능 금액)
- Ask 매도가(즉시 매도 가능 금액)
- Day's Range 하루 변동치(금일 최고가와 최저가)
- Volume 거래량
- 52 Week Range 52주 내 최고가와 최저가
- Avg.Volume 평균거래량
- Market Cap 시가총액
- PE Ratio(PER) 주가/주당 이익
- Earning Date 실적발표일
- Forward Dividend & Yield 배당금 & 배당수익률
- Ex-Dividened Date 배당락일
- 1y Target Est 1년 목표 주가/ 전망치

〔Balance Sheet 재무상태표〕
- Assets 자산
- Current assets 유동자산
- Cash and cash equivalents 현금 및 현금성자산
- Accounts receivable 매출채권
- Inventory 재고자산
- Other current assets 기타유동자산
- Property and equipment 유형자산
- Intangible assets 무형자산
- Total assets 자산총계
- Liabilities and Stockholders' Equity 부채와 자본

- Current liabilities 유동부채
- Total liabilites 부채총계
- Equity capital(Capital stock) 자본금
- Earned surplus 이익잉여금

〔Income Statement 손익계산서〕
- Total Revenue 총 매출
- Cost of revenue 매출원가
- Gross Profit 매출 이익
- Operating Expensive 판매비와 관리비
- Operating Income 영업이익
- Operating Margin 영업이익률
- Income before income taxes 법인세 비용차감전순이익
- Provision for income taxes 법인세
- Net income 당기순이익
- Profit Margin 순이익률
- Earnings per share(EPS) 주당순이익

〔Cash Flow Statement 현금흐름표〕
- Operating activities 영업활동으로 인한 현금흐름
- Investing activities 투자활동으로 인한 현금흐름
- Financing activities 재무활동으로 인한 현금흐름
- Cash and cash equivalents at end of period 기말현금 및 현금성자산

말끝에 돈이 붙는
'주식 고수 말버릇'

"나는 부자 엄마다!"

오늘도 다 같이 외치며 수업을 마친다. 처음에는 부자 엄마라고 말하라면 꺼리는 사람이 많았다. 자신은 부자가 아니라는 것이다. 하지만 부자가 되고 싶다는 말도 덧붙인다. 나도 그랬다. 나 자신에게 '부자'라는 말을 붙이기 어려웠다. 평생을 가난하게 돈에 절절매며 살았는데 하루아침에 부자란 단어를 붙이기가 어색한 것이다. 잠재의식은 참 무섭다. 그래서 나도 한참을 적응해야 했다. 이미 마음은 부자였는데, 그리고 결국 자산 면에서도 부자가 되었

는데, 왜 그리 부자라 부르기가 힘들었을까. 어쩌면 가장 준비가
되지 않았던 사람은 바로 나 자신이었는지도 모르겠다.

나는 부자가 되기 위해 나 자신을 부자라 부르기 시작했다. 말하
면 이루어진다고 믿었다. 내 목표를 써서 잘 보이는 곳에 붙이고
강력하게 상상했다. 주식도 마찬가지였다. 주식 고수가 되기 위해
대가들의 책을 읽었다.

그리고 대가들이 늘 할 법한 말을 따라 했다. 내가 이 자리에 오
게 된 데는 매일같이 반복된 자기 암시가 있었다. 내가 하는 말이
매일 반복되면 그 말이 바로 나 자신이 된다. 투자에 도움이 되는
말버릇을 소개한다.

"그게 뭐 대수라고."

이렇게 세상에 신경 쓸 일이 많다니, 주식투자를 하며 놀랐다. 내
코가 석 자인데도 주식하는 사람들이 제일 힘들어 보였다. 매일 유
가는 어떻고, 환율은 어떻게 변동되었고, 코스피 지수는 어떻고….
매일 사건 사고가 터졌으며 폭락과 폭등도 매일 있었다. 인생이 지
루하면 주식투자를 하면 될 법했다.

이런 하루하루를 1년, 5년씩 보내다 보니 웬만한 일은 그냥 잔
잔한 파도에 불과하다는 것을 깨달았다. 매일 파도가 치고 밀물이

왔다 썰물이 가는 것과 같다. 대신 내가 신경 쓸 것은 바람의 방향이다. 그리고 큰 폭풍우가 오는지, 물고기가 어디에 많은지 하는 것이다.

"진실은 무엇일까?"

나는 어릴 때 놀이터에서 모래알을 골라냈다. 고르고 또 골랐다. 그러면 자잘한 돌맹이가 빠지고 점점 고운 모래가 된다. 부드럽고 고와질 때까지 내가 만족할 때까지 손에서 손으로 옮기며 놓지 않았다.

2021년 4월 방탄소년단의 소속사 하이브(구 빅히트엔터테인먼트)가 미국 대형 레이블 음반사 이타카 홀딩스를 약 1조 1,860억 원에 인수한다는 기사가 났다. 이타카 홀딩스의 브라운 대표는 저스틴 비버를 발굴한 인물로, 싸이와 CL의 미국 진출을 돕기도 했다. 글로벌 음악 시장 수도권을 샀게 된, 선문가들이 인정하는 대형 호재인데도 해당 기사는 그리 관심 받지 못했다. 좋은 뉴스들이 때로는 묻히고, 대중을 불안하게 만드는 자극적인 뉴스가 난무한다.

또한 셀트리온에 투자하며 뉴스를 가려냈다. 국격을 높일 만한 코로나 치료제가 개발되어도 회사를 공격하는 악의적인 보도가 많았다. 학계마저 2상에서 셀트리온이 제시한 통계수치는 신뢰성이 떨어지고 실제 현장에서 큰 의미를 갖지 못할 것이라 주장했다. 대중들은 물론이고 주주들까지 휘둘리는 모습이 가관이었다. 이후 셀트리온은 3상 글로벌 임상에서 전 세계 13개 국가 1315명을 대상으로 효능과 안정성을 입증했다. 안티들은 게 눈 감추듯 사라졌으나, 성과를 담은 뉴스는 구석에 박혀 이슈조차 되지 못했다.

　뉴스를 비판하며 읽을 줄 알아야 한다. 기자의 의도가 뭔지 파악하라. 다른 관점의 다양한 신문을 읽는 것도 좋은 방법이다. 내가 모르는 것이 없을 때까지 모든 정보를 찾고 의견을 듣는다. 팩트 체크는 필수다. 그리고 스스로 올바른 판단을 하면 된다.

"더 자세히 알아보자."

회사를 분석할 때 나는 탐구열을 멈추지 않았다. 뒤지고 또 뒤졌다. 내 궁금증이 해소될 때까지 했다. 다른 사람의 이야기도 많이 듣고 읽었다. 내가 모르는 정보를 어떤 사람이 알면 더욱 귀 기울여 들었다. 그리고 수많은 정보에서 진짜를 캐냈다.

　SJM에 투자하려고 알아볼 때였다. 지난 뉴스를 뒤져보니 2012년 8월 사측이 경비업체와 사전공모해 노조원을 폭력 진압하는 사건이 발생했다. 이 사건을 계기로 SJM 주가는 폭락했고 그 후로도 계속 횡보했다. 그런데 SJM은 헤르만 지몬의《히든 챔피언 글로벌

원정대》란 책에도 소개될 만큼 알짜 회사였다. 자동차 부품 회사면서도 현대차 등 완성차 회사에 의존도가 높지 않았으며, 경쟁자가 없고 사업성이 탁월했다. 최근엔 전기차 부품 회사에 지분 투자하여 성장성까지 달았다. 그래도 경영자 마인드가 좋지 않으면 투자할 수 없으니 안타까웠다.

하지만 여기서 그치지 않고 바닥까지 뒤졌다. 면접 후기부터 고용 상태까지. 그랬더니 의외로 SJM의 근로자 대우가 우수하다는 것을 알았다. 직원들의 만족도도 높았다. 폭력 진압을 한 것은 큰 잘못이긴 하지만 후에 노조와 잘 화해했다는 기사를 보았다. 보수뿐 아닌 진보 신문에서도 감격적인 화해 장면이 보도되었다. 종합적인 정보를 읽고 나는 이 회사에 투자해도 되겠다는 판단이 들었다. 잘못을 아예 하지 않는 회사보다, 잘못했지만 수습해서 성장해나가는 쪽이 이상적이라는 생각이 들었기 때문이다.

"방법이 있을 거야."

사람들은 가치주와 성장주를 구분한다. 싼 주식을 사고 기다렸다 파는 것이다. 혹은 상승하는 주식에 올라타서 시세 차익을 기대한다. 가치주에 투자해야 하는지, 아니면 성장주에 투자해야 하는지 사람들은 매일 열띤 토론을 벌인다. 가치주면서 성장주인 수익률 높은 주식을 나는 바랐다. 그래서 먼저 싼 주식들을 뒤졌다. 벤저민 그레이엄이 말하는 '안전 마진'이 존재하는 회사들을 찾아냈다. 거기서 성장성 높은 회사들을 가려냈다. 연구개발비를 검토하고 경쟁사와 비교했다. 사업성도 따져보았다. 그렇게 나는 두 마리 토끼를 다 잡았다.

이런 태도는 내가 아이에게 맞는 기관을 고를 때의 경험에서 비롯됐다. 우리 첫째 아이에게 맞는 기관을 도통 고를 수가 없었다. 그래서 나는 동네 근처부터 서울 전 지역을 샅샅이 뒤졌다. 아이와 함께 기관들을 방문했다. 수십 군데를 알아보고 전화해 방문했다. 아이는 영락없이 입구부터 자지러졌다. 기껏 들어가도 울고불고 다시 데리고 나온 적이 한두 번이 아니다. 그러다가 한 군데 아이에게 맞는 곳을 찾아냈다. 문앞에서부터 아이들 표정이 밝았다. 내부는 자연스럽고 자극이 많지 않았다. 아이는 거기서 나오기를 거부했다. 수많은 기관을 방문했고 포기하려던 즈음 만난 놀라운 결과였다.

나는 그 경험을 바탕으로 그곳과 비슷한 기관만 찾아 뒤졌다. 그러자 또 한 군데를 찾았고 거기에 등록해서 아이는 무사히 기관 생활을 시작했다. 지금은 유치원에 잘 다니고 있다. 나는 이렇게 포기하지 않고 찾으면 나와 맞는 것이 반드시 있다는 것을 육아를 통해 깨달았다. 나는 그래서 지금도 싸면서 성장성 높은 주식을 포기하지 않고 뒤진다.

"오늘 당장 해보자."

배우는 것은 누구나 할 수 있다. 하지만 실행력은 다르다. 범인과 고수의 차이는 바로 이 실행력에서 나온다. 그렇다면 대체 왜 실행력이 받쳐주지 않는 걸까? 실행력은 열정의 차이다. 심장이 뛰고 열망이 크면 바로 실행하게 된다. 수단과 방법을 가리지 않고 방법을 찾게 된다. 정말 좋은 코치는 심장이 뛰게 만든다. 다른 사람을 바로 움직이게 만들면 그 사람은 진짜다. 그래서 내 심장이 뛰게 만드는 고수를 찾아다녔다. 나 역시 그런 책을 쓰고 사람들을 가르치기 시작했다.

주식이 더 이상 투기가 아니라는 것을 알아야 한다. 바로 계좌를 개설하라. 계좌를 개설하며 CMA, 연금저축, 해외계좌 등도 오픈하라. 비대면도 가능하다. 컴맹, 폰맹이라면 직접 증권회사에 전화하고 방문하라. 그리고 일단 한 주를 사라. 회사를 고르기 아직 어렵다면 ETF를 사라. 가장 대중적인 ETF를 고르면 된다. 그리고 회사를 공부하라. 회사를 공부하며 관심 있는 종목은 일단 한 주씩만 산다. 대단히 큰 노력이 필요하지 않다. 마음이 가면 몸이 움직여야 한다. 몸이 움직이면 더 공부하게 된다. 이 선순환이 반복되면 좋은 결과가 나온다.

백날 공부하고 책 읽고 회사 분석까지 해도 실행 하나 하지 않는 사람들이 있다. 계좌 비밀번호조차 까먹은 사람들도 많다. 그럴 거

면 그냥 시작도 마라, 그 시간조차 아까우니까. 나는 돈 되는 공부
가 좋다. 배운 만큼 결과가 나오지 않으면 거기엔 뭔가 문제가 있
다. 점검하고 바로잡자.

"나는 정말 운이 좋다."

운이 전부는 아니다. 하지만 중요한 요소다. 운이 좋은 사람에게는
좋은 정보가 꾸준히 들어오고 좋은 사람들을 만나기도 한다. 그리
고 운이 반복되면 그건 실력이 된다. 운이 계속해서 좋은 사람들을
무시하지 마라. 그들만의 비법이 있다.

EBS 〈파란만장〉에 출연했을 때 MC가 투자에 실패한 적은 없냐
고 물어왔다. 주식으로 돈을 잃어본 적이 없냐는 질문이었다. 나
는 곰곰이 생각하다 없다고 대답했다. 그랬더니 놀라며 되물었다.
"그럼 승률 100%인가요?" 나는 다시 대답했다. "내가 가진 주식
이 1만 원에서 4천 원으로 떨어진 적이 있었어요. 하지만 오래도
록 믿고 투자하는 회사였기 때문에 자세히 알아보고 더 매수했죠.
그 주식은 후에 10배 이상 올랐어요."

나는 참 운이 좋다. 성공률이 높기 때문이다. 나는 내 능력을 믿
지만 그게 전부라고 생각하지 않는다. 운이 좋다는 것을 안다. 그
래서 운을 관리하기 위해 더욱 선순환에 신경 쓴다. 주변에 나누는

것이다. 그리고 내게 오는 좋은 운을 다시 받는다. 나도 잘되고 남도 잘되도록 돕는 것, 그것이 운을 부르는 참된 비법이다.

"나는 성공한 주식투자자다."

나에게는 꿈이 있다. 워런 버핏 버금가는 주식투자자가 되는 것이다. 롤모델이 있어 얼마나 감사한가. 그 꿈만 생각하면 기분이 좋다. 이처럼 상상만 해도 날아갈 듯한 꿈을 가져라. 스스로를 성공한 주식투자자라고 생각하라. 그리고 성공한 주식투자자가 되면 당신이 누릴 것들에 대해 생각하라.

주식 대가 중 어떤 롤모델이 당신에게 맞을지 골라라. 주식 대가들도 성향이 다 다르다. 좌뇌 분석형 투자자라면 벤저민 그레이엄을 참고하라. 각종 분석은 벤저민 그레이엄이 시초다. 우뇌 투자자라면 앙드레 코스톨라니가 맞다. 돈을 예술로 승화시킬 수 있다. 꽂히면 하나만 파는 사람이라면 필립 피셔를 연구하라. 엄청난 수익률을 안겨줄 것이다. 발 빠른 행동파라면 피터 린치를 참고하라. 그는 유머가 있고 실전에 강하다. 책을 좋아하며 통찰력이 강하다면 워런 버핏이 좋다. 큰 그림을 보고 움직이며 틀렸을 때 시정하는 능력이 뛰어나다. 각각의 특성과 그에 따른 장점이 있다.

이렇게 대표적인 롤모델을 찾아라. 그리고 서브로 나에게 조언해줄 투자자들을 포섭하라. 거인들을 조언자로 삼되 인터넷에서 찾은 능력 있는 투자자도 괜찮다. 그들에게 빙의하라. 조언을 귀 기울여 들어라. 그리고 매일 암시하라. '나는 성공한 주식투자자다.' 그러면 당신의 꿈이 이루어질 것이다.

그런데 여기서 성공이란 무엇일까? 성공의 정의를 정확히 하자. 나는 세상에 알려질 만큼 내 통찰력이 인정받는 것이 성공이라고 생각한다. 그러려면 확실한 성과와 그에 따른 자산 증가가 필요할 것이다. 무엇이든 구체적으로 생각하면 좋다.

"너무 감사하다."

내가 늘 입에 달고 사는 말이다. 너무 감사하다. 오늘 나는 아침에 눈을 무사히 뜨고 살아 있음에 감사한다. 주식투자를 할 수 있음에 감사하다. 기업 분석에 필요한 자료가 도처에 있음에 감사한다. 주식이라는 금융 시스템이 있어서 감사하다. 자유롭게 주식투자 할 수 있는 대한민국에 태어나 감사하다. 아이 보면서도 투자할 수 있도록 인터넷이 되는 세상이어서 감사하다. 볼 수 있는 눈이 있어서, 움직일 손이 있어 감사하다. 어느 하나 감사하지 않은 것이 없다. 당연한 것은 없다. 나에게 익숙한 것들이 누구에게는 간절한 것이다. 나는 매일 잊지 않으려 노력한다. 그래서 1분 1초도 소중하다.

　질투를 멀리하라. 질투하는 사람은 감사를 모른다. 늘 내가 가지지 못한 것만 생각하는 불쌍한 사람이다. 그리고 피해의식을 갖지 마라. 모든 일은 나에게서 비롯되는 것이다. 하루 5분만이라도 내가 현재 이곳에 존재함을 느껴라. 그러면 모든 것이 바로 보인다. 그래야 진정한 기회가 보인다. 왜곡되지 않는 시각으로 세상을 보면 투자 성과도 달라진다.

　말 습관을 바로잡으면 생각이 달라진다. 생각이 달라지면 행동이 달라진다. 행동이 달라지만 하루가 달라지고, 변한 하루하루가 모이면 인생이 바뀐다. 작은 것부터 시작하라. 당신의 말 습관은 주식 수익률을 높일 나비 효과를 일으킬 것이다.

PART 3

부자 엄마는 '알짜 부동산'만 소유한다

5년 만에
3배가 된 아파트

첫째 아이가 냉장고 속 달걀을 가져다 품었다. 핫 팩을 넣어놓고 20일간 돌본 것이다. 평소 알을 부화해보고 싶다고 엄마를 조르던 터였다. 나는 생명을 책임지기 부담스러워 계속 고민만 했다. 그러다 좋은 곳을 알게 되어 유정란을 받았고, 알이 부화하면 닭을 돌려보내도 된다는 허락을 받았다. 그렇게 '삐약이'와 '애지'가 태어났다. 잘 먹고 잘 싸며 금방 깃털이 자랐다. 그런데 순하디 순하던 암탉 삐약이가 점점 예민해졌다. 앉아 있는 걸 보면 영락없이 알을 품는 듯한 씨암탉 모양새다. 삐약이가 알을 낳고 병아리가 태어나는 것까지 보고 돌려보내면 안 되냐고 아이가 졸라 유튜브 영상을 보며 공부 중이다.

암탉은 알을 낳으면 까칠해진다. 평소 애정하던 주인을 사정없이 쪼기도 한다. 둥지를 지키고 떠나질 않는다. 병아리는 태어나면 엄마 곁에만 붙어 있으려고 한다. 암탉과 병아리를 연구하며 처음 아이를 낳았을 때가 생각났다. 아주 예민하고 부동산에 집착이 심해졌던 나 그리고 엄마 껌딱지였던 아이.

처음으로 안정을 꿈꾸다

2009년 남편과 화려한 결혼식을 올렸다. 모든 걸 최고로 했다. 고급 호텔, 값비싼 식사, 하와이 해외여행까지. 누가 보면 내가 남자 잘 만나 팔자 고친 줄 알았을 것이다. 사실 겉보기만 화려할 뿐 속은 깡통이었다. 철없는 남편은 결혼 직전 부모님이 보태주신 돈으로 차를 바꿨다. 돈도 투자도 뭣도 모르던 시절, 다 쓰고 결혼식 후 우리에게 남은 돈은 4,500만 원뿐이었다. 그나마 축의금이 많이 들어와서 살았다. 그 돈에 마이너스 대출을 보태 반전세부터 시작했다. 전세금을 내기에는 조금 모자라 일부를 월세로 돌렸다.

남편의 회사는 서울 한복판에 있었다. 출퇴근은 차가 막히면 한 시간씩 걸리곤 했다. 디스크를 앓았던 남편은 통증을 호소했다. 회사에서 가까운 곳으로 이사 가길 바랐다. 어느 날 출퇴근길에 고즈 넉한 아파트 하나를 발견했다. 오래된 5층짜리 아파트였다. 도심 지에 있는데도 한적하고 여유로운 분위기였다. 산이 바로 옆에 있 고 주변 공원이 많았다. 교통은 최고 수준이었다. 수년간 오가며 눈도장을 찍었다. 결국 2011년 우리는 거주지를 바꿨다. 우리가 찜한 바로 그 아파트였다.

돈을 보태고 보태, 꿈에 그리던 아파트에 1억 6천 전세로 들어갔 다. 아파트는 오래됐지만 단지가 잘 가꾸어져 있었다. 우리는 5층 꼭대기에 자리를 잡았다. 우리 집이 아니다 보니 수리는 하지 않았 다. 여름엔 덥고 겨울엔 추웠다. 예전 옥탑방에 살던 기억이 났다. 5층이라 오르고 내릴 때 무릎이 아픈 것도 문제였다. 단지 내에 마 음에 드는 동을 눈여겨 봐두었다. 3층이면 딱 좋을 것 같았다.

2013년 전세금이 4천만 원 올랐다. 전세금을 충당하려고 돈을 열심히 모았지만 2년간 4천만 원 모으기가 결코 쉽지 않았다. 돈 모으는 것도 힘들지만 전세금이 얼마나 오를까 걱정되는 부분도 컸다. 2015년에도 4천만 원이 올랐다. 으익. 에싱은 했지만 이렇게 계속 전세금만 충당하며 살 순 없었다. 마침 첫 아이를 어렵게 임 신한 상태였다. 보다 안정된 삶을 바랐다. 결정을 해야 했다.

"사자."

남편에게 결심한 듯 말했다. 이렇게 전세금 계속 오를 거면 차라 리 사는 게 낫겠다고 말했다. 어떻게 매년 힘들게 모으냐고, 전세금 걱정 없이 편안히 살고 싶다고 이야기했다. 오랜 기간 전세금 충당에 지친 남편도 동의했다. 그런데 집값이 너무 오른 것 아니냐며 걱정을 했다.

"지금 사도 괜찮을까?"

조금 고민이 되었다. 하지만 우리 집이면 무슨 상관이냐는 생각이 들었다. 떨어지면 그냥 계속 여기서 살면 되지. 떨어지고 오르는 건 사고팔 때의 이야기 아닌가. 아파트 좋고, 교통 좋고, 근처 환경 좋고, 아이들 키우기도 괜찮다. 가격과 상관없이 나는 여기서 평생 살 수 있겠다는 생각이 들었다.

"괜찮아. 정 안 되면 여기서 계속 살면 되지 뭐."

대출금 이자는 어떻게 할 거냐는 우려도 있었다. 하지만 전세금 마련보다는 그게 쉽겠다는 결론을 내렸다. 2억 원을 적은 이자로 빌려 그동안 열심히 모은 전세자금에 보탰다. 마침 운명처럼 그동안 눈여겨봤던 동에 마음에 드는 층이 나왔다. 내 집을 계약하는 날, 옥탑방과 반지하를 전전하던 날들이 주마등처럼 스쳐 지나갔다. 월세, 전세 내느라 힘들었던 날들…. 나는 모든 걸 이룬 듯 비로소 편히 잘 수 있었다. 그렇게 생애 첫 우리 집을 마련했다.

내 집이 있어 행복하다는 말을 달고 살았다. 내 기분처럼 아파트는 매년 올랐다. 근처 큰 공원이 조성된다는 발표가 나왔다. 2억 원이 올랐을 때 옆집 엄마는 너무 올랐지만 막차 탄다는 생각으로 계약했다고 했다. 어떤 엄마는 너무 올라 도저히 못 사겠다고 했다. 우리 동네는 결국 투기과열지구로 지정되었다. 거기다 근처 동네가 핫플레이스로 뜨면서 아파트값은 천정부지로 솟았다. 내가 매수했을 때 가격의 3배가 되었다. 이제는 리모델링 얘기까지 나온다. 여기 살면서 그동안의 변화를 다 겪은 사람들은 상황이 둘로 나뉘었다. 아파트를 산 사람과 사지 않은 사람, 대박이 났느냐 아니냐로 갈리고 말았다.

엄마의 예민함과 주거에 대한 고집을 활용하라

2015년에 나는 돈 공부를 시작했고, 내가 모은 돈으로 주식 투자를 시작했다. 2016년에는 남편이 모아둔 돈으로는 부동산 투자를 시도했다. 김유라의 《나는 마트 대신 부동산에 간다》라는 책을 읽고 강한 동기부여를 얻었다. 근처에 아주 낡고 허름한 아파트가 눈에 띄었다. 사람들의 관심 밖에 있던 작은 아파트였다. 남편은 당장 무너질 것 같은데 괜찮겠냐며 걱정했다. 허름하지만 우리 단지 옆에 있으니 우리 아파트 가격에 영향을 받을 것으로 보였다. 거기다 내가 본 물건은 우리 아파트에서 바로 들어갈 수 있는 길이 따로 있어서 아파트 시설을 같이 이용할 수도 있었다. 나는 담보 대출을 끼고 모은 돈을 보태서 2억 원에 그 집을 매수했다.

내 예상대로 그 아파트는 우리 아파트가 상승할 때 같이 상승해서 4년 후에는 가격이 2배가 되었고, 5년 후에는 3배 가격으로 매물이 나왔다. 처음에는 집을 고쳐서 월세를 놓았고, 코로나19로 주식장이 하락했을 때는 월세를 전세로 바꾸었다. 전세값도 올라서 2016년 2억 원에 샀는데 전세를 2억 원에 놓았다. 그 돈으로 주식에 투자해 주식 자산이 크게 늘었다. 현재도 아파트 가격은 계속 오르고 있다.

나는 세금 걱정도 없다. 문재인 정부가 잠시 주었던 혜택이었던 장기임대사업자로 등록했기 때문이다. 덕분에 투자부동산은 양도세 혜택을 받는다. 자가 아파트는 생애 첫집 비과세에 해당한다. 자가 아파트와 투자 부동산 모두 언제 내놔도 잘 팔 수 있을 만큼 관리를 잘했고 인테리어도 잘해놓았다. 투자부동산은 그 단지에서 월세를 가장 잘 받았다.

지금은 상위 지역으로 이사 가려고 준비 중이다. 그냥 여기 살아도 가격이 더 오를 것이다. 요즘은 투자 효과를 극대화할 위치와 아파트를 고르고 있다. 마침 첫째가 초등학교에 들어가는 시기이기도 하다. 계획이 마무리되면 내 자산이 훨씬 늘 것이다.

나는 대체 어떻게 이렇게 부동산에서 큰 이익을 얻은 걸까? 정부 규제와 싸우지 않고 잘 헤쳐나가는 걸까? '될놈될'이라고, 손대는 것마다 그냥 팡팡 터지는 걸까?

그건 바로 알을 품은 암탉과 같은 나의 거주 본능에서 비롯된다. 안정감을 얻고자 하는 강한 욕구, 웬만한 건 마음에 들어하지 않는

까다로움, 거기에 내 주특기인 정보 능력이 합해졌다. 이 거주 본능은 바로 엄마가 되고서 작동하기 시작되었다. 그래서 나는 엄마가 되고 생기는 예민함과 공간에 대한 집착을 투자에 활용하라고 말한다. 더불어 삶의 질도 높이면서 투자 성과도 높이는 나만의 남다른 비법이 있다. 이에 대해 차근차근 풀어보겠다.

거주와 투자,
두 마리 토끼를 다 잡는 비밀

　　첫째 아이는 태어나서부터 세탁기와 드라이기 소리를 무서워했다. 18개월부터는 햇볕에 살갗이 따갑다며 울었다. 손을 편히 잡지도, 옷을 제대로 갈아입히지도 못했다. 그저 공중육아를 하다 아이의 감각이 과민하다는 사실을 알았다. 감각통합에 대해 공부하고 전문기관에서 검사도 받았다. 열심히 공부해 힘쓴 결과 아이는 석 돌에 거짓말처럼 안정됐다.

　　이에 관한 경험과 자료를 SNS에 공유했고 많은 감사 인사를 받았다. 감각통합 치료에는 자연 자극이 좋다. 단계별로 점진적으로 적응하도록 도와주어야 한다. 보통 아이들은 금방 적응할 것을 최소 열 단계로 쪼개서 접근한다. 자연마저 거부하는 아이들은 물이나 모래로 이끌면 보다 쉽다. 아이가 조금 적응하면 이후부턴 실컷 뛰어놀아야 한다. 놀이터의 환경이 정말 중요하다. 그래서 옛날에 자연스럽게 되던 것들이 아쉽다. 특히 예민한 아이들은 자연이 사라지고 도시화된 환경에서 큰 어려움을 겪는다.

거주와 투자는 분리해야 한다?

사람들은 거주와 투자를 분리해 생각한다. 가격이 오를 아파트에 살고 싶지만, 아이 키우기엔 탐탁지 않으면 돈에 집중할까 육아에 집중할까 고민하게 된다. 열에 아홉은, 특히 투자를 배운 사람은 가격이 오를 아파트를 매수한다. 아이 키우기에 중요한 자연이나 놀이터는 뒷전이 된다.

그런데 나는 그럴 수가 없었다. 일난 나 사체가 예민했다. 첫째의 과민함은 나를 닮은 것인지도 모른다. 나는 매일 걷고 운동한다. 그런데 체육관에서 운동하면 다람쥐 쳇바퀴 도는 듯 답답해서 싫다. 자연이 풍요롭고 나무가 많은 곳에서 걸어야 살 것 같다.

그리고 앞이 꽉 막히면 갇혀 있는 느낌이 들어서 싫다. 앞이 탁 트인 곳에 살아야 숨통이 트인다. 나는 자유를 무엇보다 중시하는 사람이다. 가끔은 중력조차 버거울 때가 있어 수영을 즐긴다. 그래서 고르고 고른 현재 집도 단지 내 시야가 좋은 곳이다.

또한 시끄러우면 괴롭다. 나는 둘째 아이를 임신한 후 청각이 더 예민해졌다. 차에서 음악을 들으면 진동이 마치 나를 때리는 듯했다. 그래서인지 둘째도 청각이 많이 예민했다. 석 돌까지 노래 듣기를 싫어했다. 이런 나에게 도로 소음은 고통이다.

마지막으로 우리 남편은 차가 막히는 걸 끔찍이도 싫어한다. 뭐든지 가까워야 한다. 허리가 아파서 더욱 그럴 것이다. 나 또한 오래 운전하면 파김치가 된다. 어릴 적에는 흔들거리는 것만 타면 토했다. 게다가 시간을 금 이상으로 여기는 나에게 교통은 너무나도 중요했다.

이런 부부가 고른 집이니 오죽했으랴. 내가 고른 나의 첫 집은 참 조용했다. 서울 한복판 소음에 시달리다가도 단지 안으로만 들어오면 별장에 온 듯했다. 찻길과 먼 동을 고르고 시야가 트인 층을 선택했다. 단지 안에 자연이 많은 것이 장점이었다. 근처에 큰 공원도 있었다. 바로 옆 아파트에는 서울에 드문 모래 놀이터가 있었다.

너무 예민해서 고르고 고른 우리 집. 다만 한 가지 단점은 오래됐다는 것이었다. 5층짜리 아파트라 엘리베이터도 없었다. 나는 환경이 너무나 중요해서 겉모습은 신경 쓰지 않았다. 내부는 싹 뜯어고쳤다.

이 아파트에 살며 아이는 자연의 혜택을 받았다. 나도 무사히 아이 낳고 키울 수 있었다. 예민한 두 아이 다 안정된 건 어쩌면 나 혼자만의 노력이 아닌 환경 덕택이었을 것이다. 우리 아파트 놀이터는 타이어 바닥이었는데 첫째는 적응을 못 하고 울기만 했다. 옆 아파트의 모래 놀이터에 데려가서 겨우 놀이터에 입문했다. 둘째도 옆 아파트 모래 놀이터를 시작으로 놀이터에 적응했다. 근처 공원에서는 물놀이에 재미를 붙였다. '맹모삼천지교'라고 했던가. 나는 아이 공부가 아니라 정서 안정을 위해 근처 아파트와 공원을 뒤졌다.

이런 아파트가 어떻게 3배나 올랐는지 궁금할 것이다. 거주와 투자는 분리하라고 알려져 있다. 하지만 나는 거주와 투자 두 마리 토끼를 다 잡았다. 육아까지 치면 일거삼득이다.

두 마리 토끼를 잡는 집 고르는 법

내가 보는 좋은 아파트의 기준이 있다.

첫 번째는 교통이다. 뭐든 가까워야 한다. 만약 투자 아파트라면 내가 평소 자주 가는 곳이어야 한다. 더 크게 교통의 요지여야 한다. 집값이 떨어질 수 없는 곳. 계속 개발되고 좋아지는 곳. 땅값이 지속적으로 오를 것으로 예상되는 곳이어야 한다. 개발 호재를 잘 살피자. 새로운 전철이나 GTX가 들어오면 더욱 좋다.

두 번째는 환경이다. 나는 환경을 너무너무 중요하게 생각한다. 여기서 나에게 좋은 환경이란 자연을 말한다. 아파트 단지 내외에 좋은 자연이 있어야 한다. 아이를 잘 키우는 것이 나에겐 너무 중요하다. 내가 잘 키우는 것이 아니라 환경이 아이 키우는 데 일임하는 곳으로 골랐다. 환경은 건강과도 연결된다. 도심에 살면서 원인 모를 병에 걸리는 사람이 너무 많다. 특히 예민한 기질의 사람이라면 귀 기울여 듣길 바란다.

마지막으로 오래된 아파트를 고른다. 사람들은 신축 아파트에 들어가려 한다. 인스타그램에 올라오는 감성 충만 사진들을 상상한다. 부러워할 것 없다. 그런 아파트는 오를 데로 올랐다. 투자를 생각하지 않는다면 괜찮다. 하지만 돈까지 잡으려면 지은 지 최소 30~40년은 되어야 한다. 오래된 아파트를 골라야 하는 이유는 환경 대비 가격이 좋아서다. 그리고 중요한 것은, 이런 아파트는 개발 대상이 되기 때문이다. 현행 재건축 조건은 30년이지만 오래됐을수록 확률이 높아진다. 우리 아파트는 리모델링 얘기가 나오며 가격이 더욱 올랐다.

제주도 사는 나의 큰이모를 예로 들어보겠다. 큰이모는 30년 전 반포 삼호가든을 매수했다. 외할아버지께 받은 돈을 서울에서 공부할 아이들 거주 때문에 쓴 것이다. 30평이었고 당시 약 1~2억 원 되는 금액이었다. 재건축이 진행되자 30평으로 60평을 받았다.

대지 지분이 크고 사업성이 좋았다. 이후 완공되어 평당 1억 원의 평가를 받게 되었다. 60억 원이 된 것이다. 큰이모는 횡재했다고 소문이 날까봐 쉬쉬하다 최근에야 이 사실을 털어놓았다.

재개발은 또 다르다. 나는 부모님이 이혼한 후 마포 신공덕동 친할머니네에서 살았다. 마당 있고 대추나무와 장미나무가 있던 오래된 한옥이었다. 화장실은 푸세식이어서 똥차가 자주 드나들었다. 할머니는 이 집을 공사해 2층 집으로 올렸다. 방 세 개가 더 있어 전세를 놓았다. 한 방에 전세금 600만 원을 받던 기억이 난다.

나중에 이 집은 재개발되어 수천만 원의 평가를 받았다. 할아버지는 조합장을 맡아 가장 좋은 40평을 신청했다. 완공된 2000년에 대출을 받아 들어가서 잠시 살다가 3억 원에 팔았다. 그 아파트가 2021년인 지금은 17억 원에 거래된다.

나는 교통, 환경 그리고 개발 가능 여부를 먼저 보고, 학군을 제일 마지막으로 본다. 학군도 중요하지만 중요한 건 내 아이가 공부를 잘하느냐다. 잘하는 동네에서 오히려 위축되는 아이도 있다. 나는 사교육 없이 자랐지만 공부로는 반에서 1등을 놓치지 않았다. 독학으로 뒤늦게 미국 명문대에 들어갔다. 돈만 있었으면 애초에 좋은 학교에 들어갔을 것이다.

물론 좋은 인맥을 만든다는 의미에서 학군을 중요시하는 사람도 있을 것이다. 그럼 최고 부자 동네에 들어가면 된다. 혹은 사립학교에 보낼 수도 있다. 코로나 같은 전염병이 장기화되면 온라인

수업이 자리 잡을 것이다. 재정적 어려움을 겪는 대학도 많아서 앞으로 대학 가기 쉬워질 거라고 생각한다. 그리고 학군은 결국 학령기 아이를 둔 가정이 선호할 것이다. 100세 시대에 노인 인구가 더 늘어나는 걸 감안하면 비효율적이다. 출산율이 줄어드는 것도 고려해야 한다. 결국 나는 학군이 예전만큼 중요하지는 않다고 판단했다.

교통 좋고, 환경 좋고, 개발 이익까지 취할 수 있는 아파트를 구하기 어렵다고 느낄 수 있다. 이미 많이 올라서 너무 비싸다고 생각할 수도 있다. 하지만 뒤지고 뒤지면 좋은 곳이 있다. 발품을 팔수록 가격에 맞는 곳을 고를 수 있다. 내 지역에서 가까운 곳부터 시작하자. 그다음 땅값이 더 비싼 곳으로 차례차례 옮겨가면 된다.

나는 사람들이 흔히 생각하는 곳에서 돈을 벌지 않았다. 내가 살던 곳은 굉장히 오래되고 눈에 잘 띄지 않는 아파트였다. 어릴 때부터 고생하고 산 것에 지금은 감사하다. 겉모습에 연연하지 않을 수 있었기 때문이다. 거주와 투자를 분리하지 말고 진짜 내 집을 찾아라. 오래 살 수 있고 더불어 큰 이익을 줄 곳 말이다.

니즈(needs)로
소유하라

"그제 우리 10주년 결혼기념일이었어!"

너무 놀라 외친 2020년의 어느 날, 남편과 나는 정신이 너무 없어 중요한 날을 놓쳤다. 그냥 결혼기념일도 아니고 10주년이었다. 쓸쓸하게 웃었다. 이틀 지났지만 오늘이라도 축하하자며 파티를 했다. 그런데 알고 보니 기념일은 그날이 아닌 다음 날이었다. 기념일을 챙기기는커녕 날짜도 잊었다. 기가 막혔다. 우리는 정말 한계에 도달해 있었다.

남편과 나는 한동안 참 힘들었다. 탈 많던 첫째 아이가 3년 만에 겨우 안정되고 둘째가 바로 태어났다. 역시나 잠을 못 자는 둘째 덕에 총 5년간 밤을 설쳤다. 거기에 돈 문제까지, 우리 부부 사이는 정말 최악이었다. 싸울 때마다 자기 명의로 산 집이라는 이유로 '내 집이니 나가라'던 철없던 그였다. 진지하게 이혼을 이야기했고 구체적인 계획을 세웠다.

그래서 나는 투자부동산을 고를 때 많은 것을 염두에 두었다. 물론 처음엔 가격이 맞는 곳을 보았다. 대단지 옆에 있는 노후화된 아파트여야 하고 내가 사는 곳과 가까워야 했다. 하지만 그건 기본 중 기본이었다. 잠재의식에는 혹시 이혼하면 내가 들어가 살 수 있는 곳이어야 한다는 생각이 있었다.

내가 살고 싶은 곳에 투자하라

이처럼 투자부동산이지만 실거주를 생각하며 골랐다. 싸지만 거주 환경도 좋은 곳을 고르려니 몇 가지 중요한 요소가 있었다.

첫째, 대단지 옆에 있을 것. 단지가 작으면 안에 녹지나 놀이터 등의 시설이 부족하다. 그런데 대단지 옆에 있으면 그런 부대시설을 함께 이용할 수 있다. 아이가 있다면 옆 아파트 놀이터를 이용할 것이다. 강아지가 있으면 옆 아파트 산책로에서 산책할 것이다. 세입자도 대단지 시설을 이용하니 좋을 것이다. 또한 대단지를 자주 보니 잘되면 바로 옆으로 이사를 할 수 있어 좋을 거라고 생각했다.

둘째, 좋은 동네의 노후화된 아파트일 것. 가성비 때문이다. 보다 저렴한 가격에 좋은 환경을 이용할 수 있다 생각했다. 개발 호재도 살폈다. 뜨는 동네는 자연스럽게 아파트 시세가 오르기 때문이다.

보통 좋은 아파트 먼저 시세가 움직이고 노후화된 아파트는 늦게 따라온다. 시간차가 있지만 가격 상승의 흐름은 피할 수 없다. 또 입주자들이 얼마나 오래 거주하는지, 매물이 얼마나 나와 있는지를 보았다. 거주자의 만족도를 살피는 것이다.

셋째, 내가 잘 알고 직접 관리 가능한 곳일 것. 싸고 오래된 아파트를 매수할 때는 위험 요소가 적지 않다. 오랫동안 팔지 못하는 경우도 생긴다. 하지만 내가 잘 아는 동네의 잘 아는 아파트를 매수하면 실패가 적다.

또한 내가 직접 관리할 수 있어야 한다. 공실이 생기지 않으려면 정성이 필요하다. 세입자와의 커뮤니케이션도 중요하다. 사실 부동산 월세만큼의 수익률은 주식으로 달성하기 쉽다. 따라서 공실이 나면 그만큼 더 손해다. 이런 부분을 고려해도 투자 매력이 있으려면, 내가 관리하기가 충분히 용이해야 한다.

필요한 만큼 투자하라

부동산이 하락한다 상승한다 말이 많다. 정부 규제가 나날이 강화되고 있다. 정말 촘촘하게 빠져나가지 못하도록 법망을 쳤다. 일부 사람들은 정권이 바뀌면 달라질 거라고 기대하기도 한다. 이런 어지러운 상황에서 내게 보이는 건 이제 부동산의 패러다임이 변하고 있다는 것이다.

나는 양극화를 중요한 이슈로 본다. 양극화 현상은 부동산뿐 아니라 모든 자산 가치에 해당한다. 앞으로는 주식투자를 아는 사람과 모르는 사람으로 갈릴 것이다. 가상암호화폐도 마찬가지일지 모른다. 돈을 아는 사람과 모르는 사람, 나라를 기준으로 해도 잘사는 나라와 아닌 나라의 갭은 더 커질 것이다. 마치 호리병처럼 중간은 없어지고 아래와 위가 볼록해진다.

이럴 때 할 수 있는 건 내가 '필요'한 만큼 부동산을 소유하는 것이다. 중요한 것은 내가 실거주를 할 수 있는 곳이어야 한다. 실거주를 고려해 매수를 하면, 정 안 되면 내가 들어가 살면 된다. 그리고 내가 진짜 필요해서 찾는 거면, 그냥 아무 물건이나 사지 않는다. 나에게 맞는 걸 고른다. 그리고 후보 중에서 최고의 선택을 하게 된다.

주식을 지금 추천하라면 생각나는 종목들이 있다. 쉽게 가격이 오를 수 있는 것, 오르기 바로 직전으로 보이는 것, 그런 걸 추천해

쥐야 불만이 없기 때문이다. 조금 덜 벌더라도 말이다. 하지만 남에게 추천해주는 것이 아니라, 나에게 무엇을 사겠냐고 물으면 조금 더 생각해서 대답하게 될 것이다. 만약 나라면 좀 기다리고 변동이 있더라도 최고의 결과를 내는 걸 고를 것이다. 부동산도 마찬가지다. 그래서 부동산을 보러 다닐 때도 이런 걸 고려한다.

'내가 들어가 살 수 있는 곳인가?'라고 자문해보면 결국 대부분이 떨어져 나간다. 솔직히 말하면 그 과정에서 병이 나 쓰러질 것 같다. 나는 참 까다로운 사람이다. 뭐 하나 쉽게 마음에 들지 않으니 말이다. 이건 별로고, 저건 이게 좀 떨어지고, 너무 힘들어서 그냥 타협할까 싶다가도 내가 들어가 살 수 있을지 생각해보면 마음에 안 든다. '이 세상에 아파트는 많은데 내 것은 없구나.' 영원히 못 찾을 것 같은 좌절감이 든다.

그래도 꼭 하나 발견하는 경우가 있다. 그 하나를 찾기 위해 뒤지는 것이다. 아파트 단지에 들어가 보는 순간 안다. '내가 이거 찾으려고 이 고생을 했구나.' 그 감동은 이루 말할 수 없다. 그동안 찾은 노력만큼의 감동이다.

여러분이 지금 사는 아파트는 그런 곳인가? 투자하는 아파트는 어떤가? 만약 그런 기준으로 골랐다면 가격이 하락하고 어떤 규제가 나와도 끄떡없을 것이다. 어렵게 고른 확실한 내 거니까, 어떤 상황에도 버틸 수 있다. 그리고 솔직히 그런 곳은 가격이 하락할 일도 거의 없을 것이다. 교통, 환경, 뭐 하나 빠지는 게 없을 테니까. 당신의 예민함과 직감을 믿어라. 그리고 거기에 투자하라.

나는 강의실을 자주 빌린다. 그런데 세 시간에 15~20만 원씩 내야 하니 내 사무실이 필요하다는 생각이 들어서 사무실 물건을 알아보는 중이다. 처음엔 보증금 내고 빌려 월세 낼 생각이었다. 그러다 배운 게 투잔데, 제대로 알아보자는 생각이 들었다. 덕분에 경매에도 발을 들였다. 내가 직접 들어가 쓰면 만일의 상황에도 걱정 없을 것이다. 이처럼 나는 꼭 필요해서 사고, 거기에 가격 상승을 고려해서 고른다.

얼마 전 나와 남편은 결혼 11주년이었다. 6년 만에 처음으로 근사한 레스토랑에 가서 고기를 썰었다. 우리는 맛있는 식사를 하며 주식과 부동산 이야기를 했다. 2015년 처음 돈 공부 시작하던 때가 떠올랐다. 어쩌면 별거를 생각하며 샀던 그 투자부동산 덕에 마음의 고향이 있어 버텼는지도 모른다. 우리는 이혼도 별거도 취소했다. 그동안 정말 너무 고생했다고, 다시 잘 살아보자며 서로를 토닥였다. 아이가 자란 만큼 우리도 참 많이 성장했다. 내 부동산 자산도 마찬가지다.

부동산 규제는
누군가에게는 기회다

몸으로 하는 놀이가 중요한 이유가 있다. 어릴 때 발달한 신체감각이 커서 상황 대처 능력에 큰 영향을 미치기 때문이다. 예를 들어 공이 날아올 때 피할 줄 아는 아이들은 나중에 무슨 일이 닥쳤을 때 빠르게 판단하고 실행으로 옮기기도 쉽다. 관련 뇌 시냅스가 발달해 상황이 바뀌어도 결국 적용하기 때문이다.

나는 스무 살 즈음 스노보드를 타며 균형 잡는 법에 대해 배웠다. 비탈진 눈밭에서 힘주어 꼿꼿이 서서 내려오면 백이면 백 넘어진다. 자세를 낮추어야 한다. 무릎을 구부려 보드 위에 내 몸을 살

포시 올린다. 경사 굴곡에 맞추어 앞으로 힘을 걸었다 뒤로 기댔다 반복하며 몸의 균형을 조절한다. 이때 배운 몸의 감각을 나중에 투자하며 써먹게 될 줄이야.

"임대를 업으로 하는 사람들은 세금 혜택을 준대. 대신 월세나 전세 올릴 때 정부 가이드라인을 지켜야 한대."

임대사업자가 뭔지도 몰랐던 나는 이 이야기를 듣고 임대사업자 등록을 했다. 투자부동산을 매수하고 얼마 지나지 않은 때였다. 이후 또 이런 이야기가 들렸다.

"장기임대사업자한테는 추가 양도세 혜택을 준대. 지금 등록해야 한대."

장기임대사업자는 또 뭔가 싶었는데, 매수한 부동산을 10년 동안 팔지 않고 소유해야 한다고 했다. 대신 임대료를 5% 이상 인상하지 않아야 하고, 이걸 따르면 양도세와 종부세 중과를 제외해준단다. 원래 있는 자가 부동산은 1주택으로 비과세 혜택까지 준다. 지금은 폐지된 일시적인 혜택이다. 그 이야기를 듣고 세무서에 가서 장기임대사업자 등록을 했다.

정부에 역행하지 말자

수많은 부동산 규제가 나왔다. 하룻밤 자고 나면 또 달라져서 다시 공부해야 했다. 혼란스러웠다. 역사를 공부하면 좀 보는 눈이 생기지 않을까 싶어서 일본의 부동산 거품 붕괴 역사에 대해 조사했다. 주식에도 도움이 되니 튤립 열풍부터 2008년 서브프라임까지 샅샅이 뒤졌다. 정부에 불만을 가져보기도 했다. 그러다 《국부론》을 읽고 깨달은 교훈이 떠올랐다. 주식 공부를 하며 노트에 써놓은 문구였다.

"정부에 역행하지 말자."

국부론에 의하면 시장은 수요와 공급에 의해 균형이 맞는다. 예를 들어, 나는 수영복 쇼핑몰을 운영했었는데 처음에는 한 벌에 4만 원에 팔았다. 그랬더니 사는 사람이 별로 없었다. 그래서 더 싼 물건을 찾아 주변 시세를 고려해 1만 원대에 팔았다. 그러자 주문량이 급히 늘었다. 주문이 밀려 하루 종일 포장만 했다. 팔면서 가격을 점차 2만 원대로 올렸다. 그러자 나도 덜 힘들고 주문도 적당 수준으로 들어왔다. 마진율이 높아졌음은 물론이다. 이렇게 소비자와 판매자 양쪽에 합당하게 균형이 맞춰지는 것이 그 유명한 '보이지 않는 손'이다. 그런데 《국부론》에서는 이러한 시장의 균형이 틀어지는 예외적인 상황이 존재한다고 설명한다. 독점이 하나의 큰 예고 다른 예는 바로 정부 정책이다.

정부가 막으면 되는 것도 안 된다. 반대로 안 되는 것도 살려낸다. 정부의 힘은 크다. 주식투자를 배우며 정부에 역행하는 투자는 좋지 않다는 것을 배웠다. 주가가 바로 타격을 받기 때문이다. 대부업을 예로 들어보자. 일본처럼 우리나라도 대부업 금리를 20% 대로 제한했다. 높은 이율의 이자를 충당하다 망해나가는 개인을 구제하기 위해서였다. 대부업 측에서는 높은 이자에 돈을 빌려주지 못하니 사업성이 떨어졌다. 정부가 규제를 시작하고 대부업의 주가는 나날이 떨어졌다. 물론 거기서도 기회는 있었다. 결국 살아남은 한 기업이 독식할 수 있었기 때문이다. 이처럼 정부 정책은 사업에 무척 중요하다.

엄청나게 섬세하게 반응하는 주식 시장에서 나는 그 사실을 뼈저리게 겪었다. 그래서 부동산 투자에서도 자연스럽게 정부에게 맞서지 않게 되었다. 정부가 풀어주면 그때 기회를 잡으면 된다. 정부가 특정 자산군 정책을 강화하면 거기서 조금 거리를 둘 필요가 있다. 주택이 문제라면 상가와 땅을 공부하면 된다. 나는 실제로 땅 투자에도 관심이 많다. 또는 주식 등 다른 자산을 공부할 수도 있겠다.

위기를 기회로 만들려면

돈 버는 방법은 얼마든지 많다. 굳이 정부에 욕하며 맞서지 말자. 위기는 기회가 되지 않던가. 새로운 투자를 공부하고 적용하면 파이프라인이 하나 더 생긴다. 예를 들어 부동산에 투자하는 사람들은 대출 이자 금액이 삶의 질에 많은 영향을 끼칠 것이다. 여기에 주식 공부가 되어 있으면 배당 등으로 대출 이자를 위한 현금 흐름을 쉽게 만들 수 있다.

세금을 많이 내지 않는 자산이 무엇인지 찾는 것도 현명하다. 정부는 얼마 전 주식 양도세 도입을 2023년으로 미뤘다. 이럴 땐 주식을 하는 게 좋다는 이야기다. 암호화폐는 내년부터 세금을 걷는다. 암호화폐 황금기가 언제인지 굳이 말 안 해도 알 것이다. 부동산도 귀를 잘 열어놓으면 임시로 주는 혜택이 들어온다. 나도 그래서 장기임대사업자로 등록한 것이다. 정부가 풀어줄 땐 "감사합니다" 하고 잘 받아먹자. 그리고 규제를 강화할 땐 일단 "네" 하고 방법을 모색하면 된다. 정부 정책이 옳지 않은 방향으로 간다고 느껴질 수도 있다. 눈앞의 위험은 피하되, 장기적으로 어떤 방향으로 나아가는 것이 나와 모두에게 맞는지 생각하자. 보다 합리적으로 판단하고 움직일 수 있을 것이다.

위기를 기회로 만들라는 말은 비단 하락장에서만 나오는 이야기가 아니다. 부동산 규제도 위기시만 기회가 될 수 있다. 그럼 어디에 기회가 열릴지 생각해보라. 규제로 겁에 질린 사람들은 어설프게 아는 사람들이다. 잘 아는 사람들은 오히려 거기서도 기회를 찾는다. 규제가 시작되면 상대적으로 어디가 더 혜택받을지를 아는 것이다. 예를 들어, 얼마 전 폐지되었지만 강남 압구정동은 토지거래허가구역으로 지정돼 주택을 매수하면 2년간 실거주를 해야 했었다. 뭔가에 연연하면 그것만 보인다. 하지만 위기를 기회로 보는 사람은, 주변의 지정되지 않아 반사이익 얻을 지역을 검토했을 것이다.

좋은 정보는 늘 관심을 열어놓는 긍정적인 사람에게만 들어온다. 좋은 정보를 얻으려고 노력하자. 매일 경제 부동산 뉴스를 읽는 것은 기본 중에 기본이다. 거기에 좋은 멘토를 찾아라. 활성화된 인터넷 커뮤니티도 도움이 된다. 눈을 크게 떠라. 정부 정책은 바뀐다. 흐름을 따라가라. 파도에 맞서 싸우지 마라. 힘든 상황도 요리조리 잘 피해 다니는 사람, 그런 운 좋은 사람이 돼라. 뭐든 긍정적으로 생각하고 나에 맞는 걸 찾으면 된다. 두려움을 이겨내고 규제를 기회로 만들자. 삶의 질이 높아지고 수익률도 자연히 따라올 것이다.

비공식 투자 파트너,
공인중개사와 친해질 것

　　둘째 아이를 기관에 보내면 뭘 할까 고민하다 각
종 자격증을 땄다. 앞서 말한 것처럼 어린이집 교사 준비로 아동학
을 공부하기도 했다. 코딩지도사, 종이접기, 영어 뮤지컬, 가베 등
없는 자격증이 없다. 시어머니는 나에게 공인중개사 자격증을 따
라고 조언했다. 스튜어디스 하던 옆집 며느리는 공인중개사 자격
증을 따서 잘나간다는 것이다. 그건 내 길이 아니라고 말씀드렸다.
그러곤 집에 와서 휴대폰으로 공인중개사 자격증을 따려면 얼마
나 걸리는지 남몰래 찾아봤다. 공부량은 어느 정도인지, 시간은 얼

마나 소요되는지, 그리고 교재와 시험 비용까지.

나는 결국 공인중개사 자격증은 따지 않았다. 하지만 공인중개 사들이 어떤 구조로 돈을 버는지는 알았다. 보통 부동산을 중개해 팔며 돈을 벌고 각종 SNS를 운영하기도 한다. 하지만 그보다 더 중요한 수입원은 바로 자신이 직접 투자하는 것이다. 그래서 투자 를 잘하는 공인중개사들은 좋은 물건이 나오면 자신이 매수자가 된다.

이처럼 공인중개사는 누구보다 빨리 정보를 얻는 사람이다. 당 연히 잘 아는 사람에게 더 좋은 정보가 가게 된다. 여러분이 자주 들리는 공인중개사 사무실이 있는가? 없다면 이제 새로운 관계를 시작할 때다.

부동산은 투자의 파트너이자 조력자

우리 부부는 먼저 마음에 드는 단지를 골랐다. 그리고 근처 부동산 에 종종 들렀다. 물건이 나오면 알려달라고 부탁했다. 물건이 도통 나오질 않았지만 진득이 기다렸다. 그러다 자주 들렀던 바로 그 부 동산에서 연락이 왔다. 전세 물건이 나왔다는 것이다.

그 물건을 덥석 잡았다. 2년에 2년을 더해 4년간 전세로 살았다. 그리고 같은 단지의 아파트를 사기로 결정했을 때 그 부동산을 다시 찾았다. 몇 개의 매물이 나왔지만 우리가 원하는 동과 층수가 없었다. 부동산에선 주인에게 전화를 해서, 팔라고 권유하기도 했다. 이렇게 부동산의 도움으로 우리는 딱 맞는 내 집을 계약할 수 있었다.

우리가 원하는 단지에 들어가고, 원하는 집을 계약한 것은 부동산의 도움이 컸다. 서로 원하는 것을 얻는 윈-윈의 관계다. 하지만 그걸 넘어 신뢰가 쌓이면 더 밀접한 도움을 주고받게 된다. 우리는 그 부동산을 통해 투자부동산을 매수했다. 나의 엄마도 그곳의 소개로 근처 매물을 보았다. 월세를 좋게 받은 것도 부동산 도움이 컸다. 우리는 지금도 그 부동산과 사이가 좋다. 남편은 종종 전화하고 직접 들러 이야기를 나눈다.

나는 사실 낯을 심하게 가려서 부동산에 들러 넉살 좋게 대화하는 성격이 아니다. 그래서 부동산과의 관계를 유지하는 건 남편의 역할이다. 나도 어떻게든 하면 하겠지만 남편이 인간관계에 탁월해서 믿고 맡긴다. 나는 공부와 실행력 그리고 인내를 담당하고, 남편은 인간관계, 현장 해결 그리고 돈 냄새 맡기를 담당한다. 이처럼 우리 부부는 각기 다른 분야를 맡아 투자를 한다.

남편과 싸움을 거듭하던 어느 날이었다. 남편이 정말 큰 깨달음을 얻었다는 듯이 말했다. 우리는 너무 다르다는 것이다. 자라온 환경도, 좋아하는 것도, 성격도 너무 달라서 이렇게 힘든 것이란다. 나도 고개를 끄덕였다. 하지만 사실 우리는 그래서 끌렸다, 너무 달라서 서로의 부족한 면을 채우기 위해. 그것 때문에 정말 힘들 때도 있다. 하지만 투자할 때만큼은 서로를 보완해준다.

물론 나 스스로 움직이면 더 좋긴 하다. 하다 보면 나 같은 낯가림 대마왕도 익숙해지고 요령이 는다. 척척 임장 다니고 넉살 좋게 공인중개사 사무실에 들어가 묻기도 한다. 아파트 단지 사람을 붙잡고 물을 때도 있다. 잘하고 싶어서 영업 기술 관련 책을 읽었고 옛날에 조금 하다 그만두었던 텔레마케팅도 다시 배웠다.

투자를 잘하고 싶으면 소통 능력을 키워라

주식은 집에 앉아서 기업을 분석하고 투자할 수 있지만 부동산은 좀 다른 차원의 관리 능력이 필요하다. 특히 세입자와 부동산 업자와의 관계 유지에 신경 써야 한다. 사실 좋은 물건을 구하고 사는 문제뿐 아니라 세입자와의 관계에서도 커뮤니케이션이 중요하다. 의외로 신경 쓸 것이 많다.

세입자와의 관계 유지는 공실을 피하기 위해서도 중요하다. 센스 있게 대화할 줄 알면 많은 어려움을 피해가게 된다. 무엇보다 효과 있는 건 진심이다. 나는 예전 월세를 전전할 때 별의별 일을 다 겪었다. 그래서 세입자 입장에서 생각하려고 노력한다. 대화를 시도하고 세입자를 진정으로 대하게 된다. 선을 넘지 않는 선에서 최대한 편의를 봐준다. 세입자가 불편할 일이 있으면 꼭 직접 전화하고, 미리 배려해 수리해놓기도 한다. 그래서인지 우리가 세놓은 집에는 여태 공실이 없다.

사람마다 부동산 방문 노하우가 있을 것이다. 최대한 있어 보이게 입고 가는 사람도 있을 것이고, 싹싹하게 음료수 한 병 내밀며 말 거는 사람도 있을 것이다. 나는 명함을 들고 가라고 조언하고 싶다. 전업주부는 보통 나를 드러낼 것이 없다. 그러니 엄마들도 명함을 만들자. 하는 김에 회사 이름을 짓고 1인 창업까지 하면 얼마나 좋은가. 나는 책을 명함으로 내민다. 그럼 대우가 달라진다. 뭐든 나를 가장 효율적으로 드러낼 수 있는 방법을 찾자. 이건 부동산 투자뿐 아니라 인간관계에도 도움 된다.

내가 다 잘할 필요는 없다고 생각한다. 그래서 부족한 부분은 좋은 공인중개사를 통해 채운다. 그리고 남편의 도움도 기꺼이 받는다. 물론 나 자신도 성장하려고 노력한다. 나는 능력 있고 좋은 사람을 만나는 것이 좋다. 잘하는 사람은 많지만 진실되기까지 하다면 그 사람은 정말 오래 옆에 누어야 할 사람이다. 그런데 그런 사람을 찾으려면 바로 내가 그런 사람이 되어야 한다. 새로운 동네에 가면 새로운 부동산과 관계를 맺어라. 앞으로 여러분의 부동산 투자 길을 순탄하게 뚫어줄 것이다.

개발 호재는
'잘 아는 지역'부터 조사하라

중·고등학교 때 나는 매일 아침 20분씩 걸어가
곤 했다. 친구들은 보통 버스를 탔지만 나는 버스비를 아껴야 친구
들과 떡볶이를 사 먹을 수 있었다. 학교가 끝나면 멀리 돌아 30분
은 걸어 집에 돌아왔다. 내가 오랫동안 고생하고도 건강했던 건 그
때 매일 걸었기 때문인지도 모르겠다.

매일 아침저녁으로 걸으며 동네의 공사 현장을 경험했다. 학창
시절 살던 그 동네는 오랫동안 공사를 했다. 공사판이어서 여기저
기 파헤쳐 있고 어수선했다. 삐걱거리는 공사철판을 밟으며 횡단

보도를 건너던 기억이 난다. 학교 다니는 내내 도대체 이 공사는 언제 끝나는지 답답했다. 졸업하고 거기를 가보았더니 공사는 싹 끝났고 지하철이 완공돼 교통의 요지가 되어 있었다. 무려 3개 호선이 통과하고 동네는 크게 달라져 있었다.

공사는 언젠가 끝난다. 근처에 사는 사람들은 대체 이게 언제 끝날까 싶을 것이다. 언제 시작하나 목 빠지게 기다리는 사람들도 마찬가지다. 지금만 놓고 봤을 땐 머나먼 이야기 같다. 되긴 되는 건지, 그 후엔 어떤 일이 일어날지, 가늠하기 어렵다. 하지만 우린 알아야 한다, 엄청난 변화가 생길 것임을. 돈을 배운 엄마들이니까.

공사 소리에 귀를 기울여라

우리 시댁 근처에는 지하철 공사가 한창이다. 나는 그걸 보면서 예전 내가 다니던 그 길이 떠오른다. 시댁 집은 오를 대로 올랐고 또 오르고 있다. 개발 발표가 나면 일자적으로 오른다. 착공하면 이차적으로 오른다. 가장 힘들 때는 한참 진행 중일 때다. 이 시기 기회를 잘 잡으면 좋은 매물을 찾을 수 있다. 마지막으로 오르는 시기는 완공 직전과 직후다. 이때는 선택해야 한다. 여기서 계속 살 건지, 아니면 정리하고 더 좋은 기회를 찾을지.

우리 아파트 앞 도로에도 변화가 일어나고 있다. 큰 공원이 들어서는 것이다. 개발 발표를 보면 어마어마하다. 뒤는 산이고 앞은 공원이니, 여기 평생 살아도 좋겠다는 내 예전 생각이 다시금 떠오른다. 이렇게 기회가 많아지는 곳은 주변 상권도 좋아진다. 아파트 가격이 올라감은 물론이다.

세상은 달라진다. 세상이 달라지는 만큼 거주 환경도 변한다. 주변을 보아라. 어디서 개발이 시작되고 있진 않은가? 무슨 개발 발표가 나지 않았는가? 관심이 없을 때는 보이지 않던 것들이지만 조금만 마음을 열어 귀를 기울이면 엄청나게 좋은 정보들이 들어온다.

지역신문을 자주 봐라. 나는 우리 구 소식을 전하는 신문을 좋아한다. 주민 센터에 자주 들러 신문을 가지고 와서 읽자. 어디서 어떤 공사를 하는지, 개발은 어떻게 진행되고 있는지, 그 외에도 어떤 재미있는 뉴스거리가 있는지 살피자. 나는 개발 소식을 구 신문을 통해 접할 수 있었다. 더 멀리 가려면 부동산 뉴스를 즐겨 읽어라. 뉴스만 잘 체크해도 많은 정보에 노출된다.

그러고 그 일대가 어떻게 변할지를 상상하라. 직접 가서 보면 좀 더 느낌이 온다. 동네니까 조금만 발품을 팔자. 지하철과 GTX 개통은 가격 상승과 직결되는 호재다. 지역별 개발 호재도 많다. 어떤 대단지 아파트가 있는지, 어떤 건물이 크게 노후 되었는지를 보아라. 역이 들어서면 주변 상권이 어찌 달라질지도 생각하자. 그리고 높은 곳에 올라가서 한 번 보아라. 요즘은 지도가 잘 나와 있지만 나는 가끔 높은 곳에 올라가서 직접 보는 걸 선호한다. 근처 명소가 있으면 올라가서 동네 전경을 내려다보라. 어디에 사람이 많고 어디로 흐름이 흐르는지 큰 그림이 보인다.

변화를 받아들이고 과정을 즐기자

이렇게 잘 아는 곳부터 개발 호재를 조사하고 그다음은 상위 지역을 뒤진다. 상위 지역이란 내가 지금 사는 동네 인근에 땅값이 더 비싼 곳을 말한다. 물론 내가 사는 동네가 가장 좋을 수도 있다. 나도 내가 사는 아파트가 가장 좋다. 그런데 진짜 돈을 많이 벌면 어디서 살고 싶은가를 물으면 대답이 조금은 느려진다. 물론 우리 아파트도 좋지만 상황에 따라 또 달라지는 것이다.

그다음 상위 지역, 또 그다음 상위 지역, 이렇게 자신의 선호 순위를 매겨놓는 것도 좋다. 만약 이 동네를 벗어나고 싶지 않다면 지역 유지가 되면 된다. 다만 다른 지역도 사보고 난 다음에 결정해야 한다. 내가 생각지 못했던 부분이 있을 수 있으니까. 나도 도저히 내 아파트보다 나은 조건의 물건을 찾지 못했었다. 비싸고 안 비싸고가 중요한 게 아니었다. 지금 누리는 것만큼은 최소한 누리고 거기에 플러스알파를 얻고 싶었다. 그래서 좌절하던 즈음 하나둘 찾게 되었다.

내가 돈을 많이 벌면, 그리고 목표를 다 이루면 갈 곳을 생각하자. 그 중간에 거쳐 가는 곳은 그 꿈을 이루는 과정이다. 의외로 나처럼 전원주택에 살고 싶은 사람도 있을 수 있다. 나는 사실 고급빌라에 살고 싶다. 텃밭 가꾸고 강아지 키우면서. 그런데 그런 곳은 놀이터가 잘되어 있는 곳이 없어서 지금은 아파트 환경이 더 끌린다.

남편에게 고급빌라에 살고 싶다고 했더니 크게 반대했다. 투자가치가 없는데 뭐 하러 그런 곳에 사냐는 것이다. 나는 마당 있고 나무 있는 집이 좋은데 꿈을 이루지 못할까봐 속상했다. 남편은 그럼 전세로 들어가자고 했다. 나는 내 집에 살다가 전세 들어가면 불편하다고 말했다. 그러다 가장 비싼 데 아파트를 사놓고 전원주택에서 살자 했더니 남편이 그건 괜찮단다. 그래서 우리는 그렇게 타협했다. 차라리 거기까지 가는 과정을 누리기로 결정했다.

우리 외할아버지는 제주도에서 감귤 농사를 지으셨다. 평생 농사지은 땅을 자식들한테 물려주고 돌아가셨다. 외할아버지가 돌아가시고 엄마와 함께 그 농장에 가서 보았다. 아직도 나무에는 주렁주렁 감귤 열매가 달려 있었다. 근처는 다 개발되고 건물이 들어섰다. 유일하게 농지로 남아 있는 값비싼 자리였다.

형제들이 그 땅을 나눠 가지고 나서 연락을 받았다. 이 농지를 개발해 빌라를 짓고 싶으니 땅을 한꺼번에 팔라는 것이었다. 형제들은 합심해 땅을 팔았다. 감귤나무들은 베어졌고 추억과 돈만 남았다.

개발은 큰 변화다. 우리 아파트에서 첫째 아이와 나는 몇 년간 매미를 잡고 풀어주기를 반복했다. 땅에서 매미 유충이 나오고, 유충이 나무에 붙어 번데기가 된다. 그리고 마침내 매미가 되어 나온다. 유달리 매미가 많은 이 아파트에 추억이 너무 많다. 리모델링이나 재건축이 되어 땅을 파헤치기 시작하면 나는 매미 생각부터 날 것이다.

매미가 그립지만 개발은 막을 수 없다. 추억에 눈물이 나지만 또다시 마음을 다잡을 것이다. 그래, 변화를 받아들여야 한다고, 저항하지 말고 그냥 파도를 타자고. 그렇게 또 이사를 가게 될 것이다. 새로운 추억 만들 장소를 찾아서. 그리고 마음이 어쩌거나 말거나 내 통장은 두둑해질 것이다.

'인서울' 말고
'인도심'이다

　　　　　"나만 돈 없어."

　인터넷 기사를 보다가 읽은 댓글이다. 내 가슴에 콕 하고 박힌 저 강렬한 말. '웃프다'는 말이 딱 떠올랐다. 그 댓글에 추천이 꽤나 많이 찍혀 있었다. 테슬라네어를 기점으로 유튜브에선 벼락부자들이 등장하고 있다. 우리나라에도 흠슬라, 도지파파 등이 있다. 미술품 경매로 대박 나는 사람도 있다. 부동산은 나날이 신고가를 갱신하고, 다음 날 자고 일어나면 수천만 원이 올라 있다.

　2021년 6월 29일 국민은행 월간 주택가격 동향에 따르면 집값이 장기간 오르며 전국 상위 20% 주택의 평균 가격이 처음으로 11억 원을 돌파했다. 고가 주택과 저가 주택의 가격 차이를 나타내는 수치도 사상 최대였다. 부동산 자산 양극화과 심화되었다는 것이다.

예상했던 바였다. 미국에 거주하는 남동생에게도 연락이 왔다. 미국은 집값이 잘 오르지 않는데 최근 많이 올랐다는 이야기였다. 비단 부동산뿐만 아니라 주식, 채권, 암호화폐 등 어느 것 하나 들썩이지 않는 것이 없다. 코로나19로 더 심해진 경기침체를 살리기 위해 각국은 돈을 엄청나게 풀었다. 그 결과 돈 가치가 하락하고 자산 가격이 높아졌다.

여기서 부동산은 사람들의 삶과 가치를 가장 대표적으로 드러낸다. 실제로 자고 먹고 싸는 가장 기본적인 일들이 일어나는 곳이기 때문이다. 부동산 가격의 흐름을 보면 사람들의 삶이 어떻게 달라지고 있는지 가장 직접적으로 알 수 있다. 당신은 지금 심해지는 양극화에서 상승과 하락 어느 쪽에 위치해 있는가?

더 나은 곳으로 간다면 어디일까?

나만 돈이 없다는 생각이 든다면 전략을 바꿀 시기다. 돈 공부를 시작해야 한다. 거기에는 부동산 공부도 포함된다. 사실 서울로 입성하라고, 강남 불패라고 승률 높은 이야기를 하고 싶다. 하지만 누구나 들어갈 수 있는 건 아니지 않은가. 현실적인 대안을 찾아야 한다. 먼저 내 돈을 따져보자. 이 돈에 대출받는다면 어디를 살 수 있는지. 집이 있다면 현실적으로 생각해보자. 여기서 더 나은 곳으로 간다면 어디인지. 한 번쯤 이동을 고려할 때다.

까놓고 얘기하겠다. 서울에서도 핵심지역은 걱정이 없다. 강남 3구는 우리나라 대표적인 부촌으로 교통과 학군이 우수하다. 그다음은 '마용성', 즉 마포, 용산, 성동이다. 사실상 서울 전 지역이 조정지역이다. 그런데 서울에서도 일부 지역은 일부 지방보다 느리다. 핵심지로 갈수록 걱정이 줄어든다.

그다음은 정부 정책이 밀어주는 지역이다. 예전 세종시가 대표적이었다. 앞서 정부에 역행하지 말라는 말을 기억하는가? 정부는 강하다. 정부가 밀어주어 개발하면 자연스럽게 발전한다. 지역이 발전하고 가격도 함께 오른다. 이처럼 정부가 어느 지역에 입김을 불어넣는지를 잘 살펴라. 그 지역에 미리 들어가 좋은 자리를 선점하면 된다. 정부라는 든든한 백 덕에 내 자산이 함께 자란다.

마지막으로 희소성의 가치가 있는 곳을 골라라. 사람들이 관광 삼아 해마다 자주 찾는 곳, 대표적으로 부산이나 제주도가 있다. 자연환경, 예를 들면 산과 강을 눈여겨보아라. 풍수지리학적으로 뛰어난 곳은 사람도 잘되지만 돈도 잘 자란다. 배산임수는 거주 불변의 법칙이다. 서울에서도 강변은 가격이 다르게 형성된다.

그림이 보이는가? 서울에서도 핵심지역을 고르는 경우에는 도심지 생활과 자산 상승이라는 메리트가 있다. 학군도 뛰어나다. 정부 정책이 밀어주는 곳은 아무래도 직장과 연계되어 들어가는 경우가 많을 것이다. 희소성의 가치가 있는 곳은 떨어지지 않아서도 좋지만 환경도 좋으니 아이 키우기 좋을 것이다. 이런 점을 고려해 내가 지금 살 곳, 그다음 이사 갈 곳, 그리고 내가 마지막으로 살고 싶은 곳을 골라라.

여기저기 살아보는 것도 경험이다

나는 핵심지역에서 희소성의 가치가 있는 곳에 현재 살고 있다. 아이가 크면 점점 더 핵심지역으로 들어갈 예정이다. 내 말년은 희소성에 좀 더 비중을 두고 싶다. 텃밭을 가꾸고 동물을 키울 수 있는 전원주택을 원하기 때문이다. 그 전엔 땅을 사서 별장처럼 이용하며 내가 원하는 삶의 끈을 놓지 않을 것이다.

나는 한적하고 자연 많은 환경이 좋다. 핵심지 아파트들을 봤는데 영 눈에 들어오지 않았다. 가격이 오를 건 알겠는데 내 마음이 오르질 않았다. 그래서 끝까지 물건을 뒤졌다. 마음에 들면 가격이 안 맞고, 가격이 맞으면 마음에 들지 않았다. 그러다 결국 지금 사는 아파트가 최고라는 결론에 도달하기도 했다.

그러다 어차피 한 번 사는 인생이니 다양한 경험을 해보면 어떨까 하는 생각이 들었다. 여기도 살아보고 저기도 살아보는 것이다. 그래야 더 말년에 나에게 맞는 곳을 찾을 수 있지 않을까. 나처럼 도저히 마음에 드는 걸 찾지 못하는 사람이라면 경험 삼아 새로운 곳에 살아보는 것도 좋겠다.

마음에 드는 곳 혹은 고민되는 곳에 미리 살아보라. 미리 들어가 살면 근처에 좋은 물건이 나왔을 때 바로 잡을 수 있다. 그래서 정말 사고 싶은데 못 사는 곳은 미리 전세로 들어가서 살라고 조언한다. 나도 지금의 집을 사기 전에 같은 단지에 전세부터 살았다. 그래서 더 좋은 매물을 구할 수 있었다. 그리고 살아보면 의외로 좋은 것들이 발견된다. 어디나 사람 사는 동네는 각각의 매력이 있기 마련이다.

따라서 내가 사는 곳이 최고라는 섣부른 결론은 내지 말길 바란다. 나는 참 여기저기 여러 곳에서 살아봤다. 그런데 살 때마다 거기가 가장 좋은 듯 느껴졌다. 사람은 익숙해지면 자기합리화를 하게 된다. 그래서 부동산은 많이 보고 다니는 사람이 잘한다. 그만큼 경험한 게 많으니까.

그리고 마지막으로, 이럴 때일수록 본질을 찾자. 땅값이 오르는 곳에 집중하면 쉽다. 땅은 거주의 기둥이다. 아파트는 짓고 햇수가 지나면 감가상각이 된다. 점점 노후화돼 가격이 떨어진다는 뜻이다. 아파트를 부수고 새로 지을 때 가격 측정은 결국 대지지분으로 한다. 그러므로 아파트 중심이 아닌 땅값 중심으로 생각해 고르면 실패가 적다.

땅값이 오르는 지역은 발전하는 곳이다. 사실 아파트가 아니라 오르는 땅에 주택 짓고 살아도 된다. 땅값이 오르는 곳은 '쓰임'이 있는 곳이다. 교통이 좋아지는 지역이 대표적이다. 그리고 뉴스를 잘 살피자. 정부 정책으로 판도가 크게 달라진다. 서울 핵심지역, 정부가 밀어주는 지역 그리고 희소성의 가치가 있는 곳은 지속적인 쓰임이 있다.

다만 땅값이 과도하게 오르는 경우는 조심해야 한다. 도쿄 부동산 버블 시기 땅값은 1981년부터 1990년까지 5배 이상 폭등했다. 당시 도쿄를 팔면 미국을 살 수 있다는 농담이 있을 정도였고, 도쿄 황궁의 땅값이 캘리포니아주 전체 땅값과 맞먹었다. 이렇게 선진국과 비교해 과도한 수준일 때는 땅 가격에 대한 믿음을 재고해야 할 것이다.

마지막으로 '나'를 알아야 한다. 나는 감각이 민감해 도로 소음이나 가로등 불빛에 민감하게 반응한다. 또한 자연이 없으면 하루하루가 괴롭다. 가로등 불빛은 암막 커튼으로 가릴 수 있지만 도로 소음은 힘들다. 한강변 뷰가 아무리 좋아도 소음이 심해 나에게 맞지 않으면 건강마저 해칠 수 있다. 녹지가 있어야 숨이 쉬어지는 나에게 환경은 생존이나 다름없다. 나는 경험으로 스트레스가 내 몸을 멍들게 하는 것을 안다. 돈도 좋지만 장수하고 싶다면 나를 알고 한계를 정하는 수밖에 없다. 정 안 되면 사놓고 다른 데서 살면 되니 방법이 또 찾아질 것이다.

인서울이다, 강남이다, 도심이다…, 말이 많다. 하루가 다르게 정부 정책이 쏟아진다. '영끌'해 불나방처럼 달려들지 말고 본질을 찾자. 내가 찾던 파랑새가 거기 있을 것이다.

알짜 부동산 만드는
인테리어의 기준

"와~ 잘 고치셨네요."

우리 집에 오는 사람마다 하는 말이다. 얼마 전 부엌 장이 고장 나서 동네 인테리어 하는 분을 불러 고쳤다. 그분도 이렇게 인테리어한 집은 처음 본다며 놀랐다. 집의 기운이 좋다는 말도 자주 든 는다. 친정엄마는 우리 집에만 오면 긴장이 풀리고 잠이 온단다. 자랑 같다면 내 노하우를 잘 들어보라.

우리 집을 사서 들어올 때 싹 뜯어고쳤다. 거금 3천만 원을 썼다. 인테리어도 고르고 골라 선정했다. 앞 베란다가 컸는데 거실

쪽 베란다는 트고 방 쪽 베란다는 그대로 두었다. 남겨둔 방 쪽 베란다는 내가 좋아하는 텃밭으로 만들 계획이었다. 뒷베란다도 텄다. 거기에는 시끄러운 세탁기와 냉장고를 배치하고 유리 슬라이딩 도어를 달아서 필요에 따라 공간을 분리할 수도, 넓게 쓸 수도 있다. 20평형 집이 30평형 집처럼 넓어졌다. 밝은색으로 도배하고 장판은 대리석으로 깔았다. 화장실은 호텔식으로 바꾸었다. 조명은 더욱 신경 썼다. 이후 같은 동 1층에 사는 사람도 우리 집을 따라 인테리어를 했다. 소문이 나서 새로 단지 들어오는 사람들이 우리 집에 와서 보고 참고하기도 했다.

똑똑한 집을 사서 인테리어에 공을 들여라

투자부동산에는 약 1천만 원을 들여 내부 수리를 싹 했다. 벽 마감과 몰딩을 다시 했더니 옛날 집이 요즘 집으로 탈바꿈했다. 화장실은 우리 집처럼 신경 써서 고쳤고 천장은 예쁜 등으로 마무리했다. 이 단지의 월세는 60~70만 원 선이었는데 남편은 과감히 80만 원에 세를 내놓았다. 부동산 업자도 과연 나갈까 걱정했다. 하지만 세는 금방 나갔고 이후 공실도 없다.

　나는 월세를 전전하며 나름의 인테리어 기술을 가지고 있다. 예전엔 프로방스 인테리어 카페에 가입해 로맨틱 스타일을 추구하기도 했었다. 지금도 라탄바구니를 좋아한다. 벽에 시트지를 붙이고, 천을 사서 옷핀으로 꽂기도 했었다. 그래서 한눈에 보면 안다. 여기에 사람들이 계약할지, 계약하면 계속 살지. 내가 추천해 친정엄마가 사서 세놓은 집은 교통 좋고 가격 훌륭하고 인테리어도 괜찮으니 당시 살던 여자분이 계속 살 것 같다는 생각이 들었다. 역시나 그분은 계속 살고 있다. 얼마 전 부엌을 고쳐줬더니 좋아했다.

가성비를 따져 최대한 싸게 인테리어를 할 수도 있을 것이다. 하지만 나는 인테리어에 돈을 좀 들인다(물론 내가 가능한 선에서). 인테리어 비용을 투자금이라고 생각하기 때문이다. 이처럼 똘똘한 아파트를 소유한 후 인테리어에 조금 더 공을 들이는 것이 내 노하우다.

공실 없는 인테리어의 비법

기본을 살려라. 심플하고 군더더기 없으며 실용석이어야 한다. 가장 중요한 생활 효율을 따져야 한다. 어두운색으로 몰딩이 되어 있는 집은 오래돼 보인다. 그런 집은 몰딩을 밝은색으로 싹 칠하거나 바꾸면 좋다. 참고로 부동산은 유행 따라 고치면 좋지 않다. 5년만 지나도 유행 지난 물건 같아 보이기 때문이다. 기본을 살리면 마치 고전처럼 세월이 지나도 예뻐 보인다.

거기에 디테일을 추가하면 된다. 명품은 1%에서 달라진다. 가장 대표적이고 효과적인 디테일은 등이다. 등을 세심하게 골라라. 집의 첫인상이 달라진다.

가장 신경 써야 할 공간은 화장실과 부엌이다. 혹시 여력이 되지 않는다면 화장실과 부엌만이라도 손보면 좋다. 집을 볼 때는 여자의 의견이 우선시된다. 깔끔한 화장실과 부엌은 그런 여자의 마음을 사로잡는다.

인테리어를 할 때는 업체를 잘 만나는 것도 중요하다. 인테리어는 정말 부르는 게 값이다. 같은 걸 원해도 여기서 부르는 비용, 저기서 부르는 비용, 차이가 많이 난다. 우리는 먼저 인테리어 사진들을 뒤졌다. 이렇게 하고 싶다고 머릿속에서 구체적 그림을 그리고 그것과 비슷하게 인테리어를 한 업체를 찾았다(인터넷에 올라온 사진을 참고했다). 그중 몇 군데를 골라 견적을 받았고, 가장 싸게 부르는 곳과 계약했다.

공사를 할 때는 자주 가서 보아야 한다. 남편은 정말 꼼꼼해서 인테리어를 할 때도 매일 가서 보았다. 업체에서도 이렇게 자주 오는 사람은 처음이라고 했단다. 하지만 맛있는 걸 자주 사드리고 대화를 많이 하면 업체에서도 그리 꺼려하지 않는다. 인테리어는 하고 나면 끝이다. 그러므로 하고 있을 때, 그때그때 보고 말해야 한다. 하루 20분이라도 잠깐 가서 확인하길 추천한다. 물론 처음 부술 때는 가지 않아도 상관없다.

늘 내가 조금 더 베푼다고 생각하면 쉽다. 세입자가 내 집에서 즐겁고 아름다운 추억을 많이 만들었으면 좋겠다. 그리고 이왕이면 다홍치마다. 인테리어는 한 만큼 나중에 돈을 못 돌려받는다고 생각하기 쉽다. 하지만 공실이 없고 매물이 바로 나가는 것만도 얼마나 귀한 값어치인가. 우리 아파트는 3천만 원을 들였지만 1억 원을 더 받을 자신 있다. 마음고생 덜 하는 것으로 내 건강까지 챙기니 일석삼조다.

PART 4

부자 엄마는
적금보다 채권이다

채권에 투자하기 전에
알아야 할 상식

셰익스피어의 《베니스의 상인》에는 고리대금업
자 샤일록이 나온다. 베니스의 상인 안토니오는 절친 바시니오의
구혼 여비를 마련해주기 위해 자신이 가진 배를 담보로 그에게 돈
을 빌리며, 갚지 못할 경우 심장과 가까운 살 1파운드를 주겠다는
증서를 쓴다. 그런데 도착 예정이던 안토니오의 상선들이 전부 침
몰해서 돈을 갚기 어려워진다. 샤일록이 집요하게 안토니오의 살
1파운드를 요구하자 결국 재판관은 피 한 방울 흘리지 않고 살만
가져가라고 판결한다.

옛날에는 이처럼 개인 대 개인으로 돈을 빌려주고 받는 금융 거래 구조였다. 그런데 개인 간 거래에서 문제가 생기자 대리인이 생겼다. '은행'을 이용하게 된 것이다. 그러다 국가가 목돈을 조달하기 위해 '채권'을 발행했다. 채권은 쉽게 말해 정부나 회사에 돈을 빌려주고 증서를 받는 것이다. 이런 역사적 과정을 이해하면 현대의 채권 투자를 이해하기 쉽다.

국가가 채권으로 목돈을 조달한 가장 대표적인 예는 전쟁이다. 14세기 중세 유럽부터 19세기 미국 남북전쟁까지, 전쟁 자금을 위해 국가들은 채권을 발행했다. 우리나라는 1950년 정부 설립 초기에 부족한 자금을 조달하려고 채권을 발행했다. 세금을 부과하면 국민의 동의를 얻기 힘들지만 채권은 오히려 반응이 좋았기 때문이다. 이렇게 해서 개인도 공식적으로 채권을 통해 정부에 돈을 빌려주고 이자를 받게 되었다.

지금도 채권 시장에 국가가 기여하는 바가 크다. 아래 그림은 대

[우리나라의 국민주택채권]

한민국 정부의 제1종 국민주택채권이다. 이 증서에는 언제까지 얼마의 돈을 갚아야 하는지 기록되어 있다. 이 채권을 매수해 돈을 빌려주면 1995년 11월 30일에 30만 원을 돌려받는다.

급하게 돈이 필요한 엄마 A에게 2천만 원을 빌려줬다고 해보자. 엄마 A는 지금 2021년 7월 1일부터 3년 후 정확히 2024년 7월 1일 그대로 돈을 갚겠다고 적는다. 이자는 매년 3%씩 지급하겠다고 기록한다. 나는 이 증서를 가지고 있다가 돈이 필요하면 팔 수 있다. 증서를 팔면 엄마 A는 증서를 산 사람에게 돈을 갚아야 한다. 증서를 사겠다는 사람 중에 엄마 B는 1,950만 원을 주겠다고 하고, 엄마 C는 2,010만 원을 주겠다고 한다. 누구에게 팔겠는가? 당연히 엄마 C에게 팔 것이다. 그러면 엄마 A는 상환일에 내가 아닌 엄마 C에게 원금과 이자를 지급하면 된다.

그럼 채권은 어떤 특성을 가지고 있는지 살펴보자.

채권은 기한부 증권이다

채권은 기한이 정해져 있다. 이를 '기한부증권'이라 한다. 반면 주식에는 기한이 없다. 영구적인 권리다. 그래서 재무제표상에 주식은 자본으로 잡히지만 채권은 부채로 잡힌다. 추심법으로 관리되는, 일정 기간 안에 갚아야 하는 돈이다.

채권은 확정이자부 증권이다

채권은 이자를 받는다. 돈을 빌린 엄마 A는 정해진 이자를 지급해야 한다. 고정 이자를 받다가 만기에 정해진 돈을 받을 수 있는 것이 채권의 매력이다. 쉽고 편하고 안전하게 돈을 벌 수 있다. 그런데 많은 사람이 채권을 어려워한다. 그 이유 중 하나는 바로 유동성 때문이다.

채권 가격은 유동적이다

채권은 상환일 이전에 가격이 떨어질 수 있다. 앞의 사례로 돌아가서, 내가 돈이 급해서 채권을 팔고 싶은데 엄마 C는 거래를 원하지 않고 엄마 B만 거래가 가능하다면 50만 원 떨어진 1950만 원에 팔아야 한다. 그럼 그 채권 시세는 하락하는 것이다. 채권은 장기 투자 상품이기 때문에 중간에 사고파는 경우가 생긴다. 그런데 팔 때의 시세는 장담할 수 없다.

그래서 채권을 '비교적' 안전한 투자라고 하는 것이다. 물론 끝까지 버텨서 상환일에 돈을 받으면 상관없다. 인내의 열매는 달콤한 법이다.

채권 투자는 경제를 알아야 쉽다

채권을 끝까지 가지고 있으려는 사람도 있을 것이다. 하지만 투자에 익숙해지면, 이왕이면 고수익 내는 방법을 찾게 된다. 중간 가격 변동이 생길 때 팔지 말지 고민하게 되는 것이다. 시세가 올랐다면 채권을 매도할지 고민하게 될 것이고, 거꾸로 싸게 살 수 있을 때 새로운 채권을 매수할지 고려할 수도 있다. 이처럼 채권의 시세를 파악하고 보다 높은 수익을 내려면 경제를 알아야 한다. 더자세히 말하면 '금리'의 흐름을 알아야 한다.

바로 이 금리 때문에 채권 투자가 어렵다. 거시 경제를 이해하고 금리의 움직임을 읽어야 하기 때문이다. 경제 상식 필사 모임에서 금리 파트를 필사한 적이 있는데, 이때 많은 분이 나가떨어졌다. 너무 어렵다는 것이다.

그렇지만 금리를 이해하는 것은 돈의 흐름을 아는 가장 대표적인 방법이다. 주식 투자에서도 금리 지식이 유용하게 적용된다. 워런 버핏도 금리의 움직임을 예측하고 움직인다. 금리가 올라갈 조짐이 보이면 자동차, 화학, 정유 등을 매수하고, 금리가 막상 올라가면 경기 방어주로 옮겨간다. 많은 사람이 주식 시장을 예측하지 말고 대응하라고 한다. 예측은 빈번히 빗나간다는 것이다. 하지만 투자 대가들은 금리만은 눈여겨보라고 조언한다.

지금부터 채권 투자를 필두로 쉽게 예를 들어 이야기를 풀어보
겠다. 뭐든 돈이 된다고 하면 이해가 빨라진다. 부자들은 채권을
소유한다. 나는 현금을 채권으로 보유하는 전략을 구사한다. 연평
균 수익 5~10% 정도로 결과가 꽤 괜찮다. 안정적이고 효율적인
채권 투자의 매력에 빠져보자.

소소하지만 확실한
채권 투자

　나는 주로 ETF를 통해 채권에 투자했다. 주로 미국채로, 코로나 사태가 터지기 전에는 미국 장기채 ETF를 보유했고, 코로나가 터진 후에는 미국 단기채와 물가연동채권으로 바꿨다. 금리가 떨어질 때는 장기채 수익률이 높아 연 약 10%의 수익을 달성하기도 했다. 이후 금리가 올라가려는 조짐이 보이며, 연 2~5%의 수익을 내고 있다. 이렇게 채권만으로도 연평균 5~10%의 수익률을 냈다.

　내가 투자하던 상품들과 평균 수익률을 살펴보자. 이 글을 쓰는

2021년 7월 8일 기준으로 야후 파이낸스에서 ETF를 검색한 수익률을 살펴보겠다.

미국 장기채 VANGUARD LONG-TERM BOND의 수익률은 지난 10년간 연평균 7.26%이다. 지난 3년간은 9.93%, 1년간은 -2.23%다. 단기채 VANGUARD SHORT-TERM BOND의 수익률은 지난 10년간 연평균 1.88%이다. 지난 3년간은 3.66%, 1년간은 0.31%이다.

물가연동채권을 보자. VANGUARD SHORT-TERM INFLATION-PROTECTED ETF는 지난 5년간 연평균 2.79%이고, 3년간 4.15, 1년간은 5.92%다. 뱅가드 미국 장기채 ETF의 경우 연 이자, 즉 분

채권 종류	투자 기간	수익률
VANGUARD LONG-TERM BOND ETF (BLV)	1년	-2.23%
	3년	9.93%
	10년	7.26%
VANGUARD SHORT-TERM BOND ETF (BSV)	1년	0.31%
	3년	3.66%
	10년	1.88%
VANGUARD SHORT-TERM INFLATION-RROTECTED ETF (VTIP)	1년	5.92%
	3년	4.15%
	10년	2.79%

출처: Yahoo Finance 2021년 7월 8일 기준

배금이 2.91% 나온다. 이 수익률은 이자가 포함된 것이다.

그럼 변동성은 어땠을까? 뱅가드 미국 장기채 ETF의 경우 코로나19 하락장인 2020년 2월 1일 109.08달러에서 3월 1일 106.72달러까지 떨어졌다가 한 달 후 109.67달러까지 올라갔다. 단기채 ETF의 경우는 2월 1일에는 81.95달러에서 3월 1일 82.18달러로 오르고, 한 달 후 또다시 82.68달러로 올라갔다. 코로나로 인한 변동으로 주식은 코스피 지수가 1400까지 떨어지는 등 반토막났었다. 하지만 채권 가격은 크게 움직이지 않았다.

먼저 기대수익률을 정하자

채권 가격을 움직였던 것은 코로나 쇼크보다도 이후 금리 인상 조짐이었다. 이때는 채권 가격이 일제히 하락했다. 장기채 ETF의 경우 113달러가 96달러까지 떨어져 20% 가까이 가격이 빠졌다가 다시 자리를 찾아가는 모습이다. 채권도 가격 등락이 있다. 하지만 주식에 비할 바가 안 된다.

이처럼 수익률은 괜찮고 변동성은 적은 채권을 포트폴리오에 추가하면 어떨까. 그전에 먼저 자신의 주식 기대수익률을 정해놓아야 한다. 주식 기대수익률을 알아야 채권 비율을 효과적으로 설정할 수 있기 때문이다.

예를 들어, 주식 기대수익률이 10% 이하라면 주식 대신 차라리 채권 투자를 하는 것이 낫다. 만약 20% 이상이라면 채권 비중을 적게 잡을 것이다. 나는 주식 기대수익률을 연평균 최소 10%로 잡는다. 물론 노력 여하에 따라 20% 이상도 달성할 수 있다. 채권 수익률을 정확히 계산하는 방법을 알아보자.

채권을 만기까지 보유하면 수익을 얻게 된다. 이것을 '만기수익률'이라고 한다. 이를 계산하는 방법은 먼저 표면금리를 보는 것이다. 표면금리는 채권에 기재된 이율이다. 쉽게 1년간 지급하는 이자의 총액이다.

예를 들어, 1만 원짜리 채권을 샀는데 이율이 5%라고 가정하자. 그러면 매년 500원의 이자가 나온다.

이 만기수익률을 그대로 얻기 위해서는 채무 불이행이 없어야 하고, 만기일까지 보유해야 하며, 모든 액면이자는 만기수익률과 동일한 수익률로 재투자해야 한다. 그런데 이자가 만기수익률과 동일한 수익률로 재투자되는 경우가 드물다. 그래서 액면이자는 예상 수익이라고 생각하면 쉽다.

이 채권을 천 원 싸게 샀다고 해보자. 만 원짜리 채권을 9,900원에 샀고 500원의 이자가 나오니 총 수익이 600원이다. 이를 애초에 투자한 9,900원으로 나누면 수익률이 나온다. 6.06%이다. 보통 채권은 이렇게 할인 발행된다. 반대로 채권을 10,100원으로 비싸게 샀다고 가정해보자. 그러면 수익률이 내려간다.

(채권금액 - 매수금액 + 표면이자수입) / 매수금액 × 100

= 수익률

1. 1만 원 채권을 9,900원에 매수 시 예상 수익률 6.06%

(10,000원 - 9,900원 + 이자 500원) / 9,900원 × 100

= 6.06%

2. 1만 원 채권을 10,100원에 매수시 예상 수익률 3.96%

(10,000원 - 10,100원 + 이자 500원) / 10,100원 × 100

= 3.96%

현금보다 채권을 보유하라

나는 주식투자 시 현금을 꼭 보유하라고 강조한다. 일정 비율의 현금을 보유해 총알로 사용하는 것이다. 현금을 보유하면 하락장에 쓸 돈이 있다. 주가가 속수무책으로 추락할 때 돈이 있으면 그리 힘들지 않다. 신중을 기해 면밀히 조사하고 고른 기존 종목들은 이미 걱정이 없을 것이다. 마음에 드는데 비싼 종목은 한 주씩 보유하라. 그럼 기회가 왔을 때 그것을 캐치하는 속도가 빨라진다. 하락장에 현금이 있으면 특급 세일 쇼핑이 시작된다.

현금을 보유하는 또 다른 이유는 비중 조절, 즉 '리밸런싱' 때문이다. 현금을 보유하면 주가가 많이 올랐을 때 내가 애초에 설정한 현금 비율이 깨진 것을 알게 된다. 그래서 주식을 조금 팔아 현금 비율을 다시 맞추게 된다. 혹은 주가가 많이 떨어지면 현금 비율이 상대적으로 높아진다. 현금에서 일정 금액 써서 주식을 사고 비율을 다시 맞춘다. 이렇게 '기준'이라는 것이 있으면 주가가 많이 올랐는지 아니면 적게 올랐는지 보는 감이 생긴다.

그런데 이러한 현금은 그냥 가지고 있기 아깝다. 매년 물가상승률만큼 현금 가치가 하락하기 때문이다. 실질 금리를 계산해보면 답이 나온다. 현재 금리에서 물가상승률만큼 빼보자.

$$명목금리 - 물가상승률 = 실질금리$$

현재 우리나라 금리는 0.5%다. 우리금융경영연구서는 2021년 소비자 물가상승률을 1.4%로 전망했다. 우리나라 2021년 금리 0.5%에서 물가상승률 1.4%를 빼보자. 그러면 2021년은 -0.9% 현금 가치가 하락하고 있다. 그런데 7월 14일에 미국 물가는 5.4%로 발표됐다. 우리나라도 전반적으로 물가가 오르고 있있으니 현금 가치는 더 크게 하락할 것이다.

그래서 나는 현금 아닌 채권을 보유한다. 채권 중에서도 국채를 오래 거래했다. 채권이 아직 생소한 사람이 많을 것이다. 그런데 채권은 우리 실생활과도 깊게 연결되어 있다. 우리가 많이 들어본 CMA 계좌도 채권 투자나 다름이 없다. CMA 계좌에 돈을 넣으면 안전한 국채 등에 투자되어 매일 이자가 나온다. CMA의 연평균 이율은 약 1.5%다.

주식 계좌를 운용할 때 이왕이면 CMA 계좌를 만들어라. 비대면으로도 신청할 수 있다. 채권이 어려우면 현금을 그냥 CMA 계좌에 넣어두면 된다. CMA 이율은 매년 달라질 수 있다. 경기에 따라 마이너스가 날 수도 있다. 채권이라고 생각하면 좀 더 이해가 쉽다. 좀 더 높은 수익을 얻고, 경기에 따라 방어하고 싶다면 직접 공부해야 한다. 지금까지 나는 채권 ETF를 위주로 설명했다. 경험과 공부가 늘면 직접 거래해보자.

짜장면 값은 그 옛날 500원이던 시절부터 매년 상승해 지금은 7,000원 정도가 되었다. 물가는 오르고 현금 가치는 하락한다. 채권을 조금만 공부하고 투자하면 괜찮은 수익을 얻을 수 있다. 내가 채권으로 기대하는 수익률은 연 약 5~10%다. 이런 수익률을 마음 편히 내다보니 은행 예적금과는 멀어진 지 오래다. 물론 5,000만 원까지는 예금자 보호가 되는 은행에 비상금으로 넣어두는 것도 괜찮다. 하지만 빌려준 돈인 채권도 추심법으로 보호된다. 나는 그래서 두 다리 뻗고 잔다. 나라가 망하지 않는 한 나는 돈을 벌 것이다. 소소하고 확실하게.

좋은 채권 고르는
핵심 노하우

　　　　　　　50대 여성이 신한금융투자 여의도 지점을 찾았다. 남편이 세상을 떠나고 3억 원을 맡길 데를 찾는다고 설명했다. 수익은 오피스텔에서 나오는 100만~200만 원 월세가 전부이기에 3억 원에서 손실이 나면 안 된다고 신신당부했다. 결국 투자조언에 따라 1~10년 만기 국공채에 투자하며 이자와 원금을 받았다. 그리고 그대로 다시 채권에 투자한 후 돈을 거의 인출하지 않았다. 20년 이상 이렇게 운용했더니 3억 원의 원금은 복리로 20억 원이 되었다. 6배 이상의 결과였다.

2015년 8월 3일 자 〈머니투데이〉에 소개된 실제 사례다. 이 부인은 1990년대 초부터 채권투자를 시작했다. 1990년대 3년물 국채는 13~14% 고금리였는데 외환위기 이후 금리가 내려가기 시작했다.

그러면서 채권은 급등세를 탔고 재투자로 복리가 더해졌다. 이 기사가 날 즈음 금리는 1.5%였다.

3억이 25년 만에 20억이 되었으면 7.88%의 연평균 수익을 올린 것이다. 수익률을 계산하는 식은 제곱근을 사용하면 된다. 25년이면 25제곱근이다.

$$\left(\sqrt[25]{20억/3억} - 1 \right) \times 100 \;=\; 연평균\ 수익\ 7.8859\%$$

연평균 수익 7.88%로 어떻게 원금이 커지는지 보려면 72법칙을 사용하면 된다. 72에 수익률을 나누는 것이다.

72÷7.88 = 9.13 즉, 약 9년마다 원금이 2배가 된다. 2배가 또 2배가 되면 4배, 4배가 다시 2배가 되면 8배다. 72법칙으로 복리 계산을 해보면 좋다.

물론 지금은 채권으로 이렇게 높은 수익을 달성하기 어렵다. 하지만 기억해야 할 것이 있다. 원금 손실을 보지 않고 안정적으로 돈을 불릴 수 있다는 것, 그리고 시기를 잘 타면 채권으로도 꽤 괜찮은 수익을 낸다는 것이다.

장기·중기·단기채권과 물가연동채권

먼저 장기채권과 중기채권 그리고 단기채권의 차이를 알아보자. 장기채권은 5년 이상의 채권을 말한다. 중기채권은 1~5년, 단기채권은 1년 미만의 채권이다. 미국에서는 10년 이상의 채권을 장기채권이라고 말한다. 중기채권은 3~10년, 단기채는 1~3년의 채권이다. 상환 기간이 길수록 수익은 높지만 금리 변동에 민감하다. 반대로 상환 기간이 짧으면 수익률은 낮지만 그만큼 가격 변동이 적다.

단기채는 연평균 약 1~2%의 수익을 준다. CMA 계좌에 돈을 넣어두는 것과 비슷한 수익률이다. 우리나라의 대표적인 채권 ETF 상품은 KODEX 단기채권, TIGER 단기통안채 등이다. 미국 주식에 익숙하다면 미국 채권에도 도전해보자. 나처럼 ETF를 거래하면 편하다. 미국 단기채는 소소하고 확실한 약 2%의 연 이율을 준다.

장기채는 10%에 가까운 높은 연평균 수익을 준다. 경기가 좋지 않아 앞으로 돈을 많이 풀 것이라 예상되면 장기채에 똬리를 틀자. 그런데 장기채는 금리가 오를 때는 마이너스가 되기도 한다. 이 글을 쓰는 2021년 7월에는 금리 인상 이야기가 나오고 있다. 이럴 때는 물가연동채를 눈여겨보자.

물가연동채권은 물가 상승분에 맞게 원금과 이자가 오르는 것이다. 물가연동채권에 대해서는 뒤에서 자세히 설명할 것이다. 지금처럼 금리가 오르고 인플레이션 이야기가 나올 때는 미리 물가연동채권을 사면 좋다. 앞서 살펴본 것처럼 미국 물가연동채권의 최근 1년 수익률은 5%에 달한다. 정리하자면 다음과 같다.

금리가 떨어질 때는 장기채권을 사라.
금리가 오를 때는 물가연동채권을 사라.
금리가 오를지 떨어질지 모를 때는 단기채를 사라.

금리를 이해해야 수익률이 높아진다

채권 가격이 하락하면 수익률은 올라간다. 이렇게 채권 가격과 수익률이 반대로 움직이는 이유를 뭘까? 그 원리를 알려면 채권은 수익이 발생하는 경우가 두 가지 있다는 것을 이해해야 한다.

앞서 계산한 걸 다시 짚어보자. 채권의 첫 번째 수익은 표면금리다. 예를 들어, 5%짜리 채권을 사면 1만 원을 빌려주고 연 5%의 이자를 받을 수 있다. 두 번째는 채권 가격이다. 예를 들어, 1만 원을 갚기로 한 채권을 9,000원에 할인 발행하면 이 채권을 사는 사람은 1,000원 이익을 보게 된다. 이렇게 두 가지 루트로 수익이 발생한다.

그런데 금리가 10%로 올랐다고 치자. 그러면 사람들이 5%짜리 채권을 사지 않을 것이다. 10% 이자를 주는 다른 상품에 사람들이 몰리기 때문이다. 그래서 해당 채권을 더 싸게 팔게 되니 가격이 하락한다. 가격이 하락하면 수익률이 다시 올라간다. 반대의 경우도 마찬가지다. 채권 금액이 오르면 수익률이 낮아진다. 여기서 채권 수익률은 받을 수 있는 금리, 즉 이자를 이야기한다는 것을 잊지 말자.

채권 금리는 각국의 경제 상황과 정책에 따라 움직인다. 정부는 물가 상승률과 경제 성장을 조절하기 위해 '돈 문'을 열었다가 닫았다가 한다. 예를 들어, 경기가 안 좋으면 돈 문을 연다. 금리를 낮추는 것이다. 그러면 각종 대출 이자를 낮추고 돈을 풀게 된다. 이자가 낮으니 사람들은 은행에 넣어두기보단 투자나 사업을 한다.

- **금리를 낮춘다**: 돈 문을 열어 돈을 푸는 것
- **금리를 높인다**: 돈을 거두어들이고 돈 문을 닫는 것

경기가 나쁘면 금리를 낮춘다. 반면 경기가 좋고 과열되기 시작하면 금리를 높인다. 돈을 거두어들이고 물가를 잡으려고 노력한다. 이처럼 경제 상황에 따라 금리를 조절한다. 채권 금리도 여기에 영향을 받는다. 역으로 먼저 투자 심리가 반영돼 영향을 주기도 한다.

장기채권은 이율이 높다. 금리가 떨어지면 이율 높은 기존 장기

채권에 더욱 사람이 몰리게 된다. 반대로 금리가 오르면 장기채권은 매력이 떨어진다. 채권의 기간이 길수록 이자를 높게 받기 때문에 장기채권일수록 경기에 더욱 영향을 받는 것이다.

금리가 언제 오르고 떨어지는지 알기 어려울 수도 있다. 그렇다면 혼합해서 분산투자하는 방법도 있다. 너무 어렵다면 그냥 단기채권에 넣어두는 것도 현명한 방법이다. 단기채권을 거래하려면 직접 국공채를 거래하거나 단기채 ETF를 매수해도 되고, CMA 계좌를 활용해도 괜찮다.

나는 경기 상황에 따라 장기채권, 단기채권, 물가연동채권에 투자해 이익을 극대화한다. 2015년 매수한 장기채는 금리가 떨어지는 5년간 연평균 10% 정도의 수익이 났다. 코로나19가 터지면서 매수한 단기채는 약 2%, 물가가 오르기 전 물가연동채권은 약 5%의 연평균 수익을 냈다. 이처럼 금리를 공부하고 현 상황에 알맞은 채권에 투자하라. 금리 공부는 필수다.

고수익을 위한
채권 3단계 투자법

　　　　　요즘 죽어가던 조선업종이 급격히 회생하고 있다. 생소하다면 경제 기사부터 읽자. 여기서 주목할 부분은 '전환사채'다. 전환사채는 주식으로 전환 가능한 채권을 말한다. 얼마 전 대한민국 대표 해운업체인 HMM의 전환사채에 관한 이슈가 있었다. 2020년 4천 원대이던 HMM 주식이 1년 만에 4만 원으로 10배 상승했다. HMM은 오랫동안 상황이 좋지 않다가 경기가 좋아지기 시작하면서 주가가 폭등했다. 와중에 산업은행이 전환사채를 매도하면 주가가 폭락할 수 있다는 불안이 돌았다. 산업은행은

3천억 원어치의 전환사채를 가지고 있다. 전환 단가는 5천 원인데 주가는 4만 원이 넘는 상황이니 전환사채를 매각하면 9배가량의 수익을 볼 수 있다. 반면 주식으로 전환하지 않으면 정해진 이율만 받을 것이다. 과연 산업은행이 전환사채를 주식으로 전환할지, 전환한 후에는 매도할지, 시장에선 말이 많았다.

이후 산업은행은 전환사채를 주식으로 전환한다고 발표했다. 산업은행 회장은 "이익 실현 기회가 있는데 그 기회를 포기하면 배임"이라고 했다. 전환사채를 주식으로 전환하면 2조 원 이상의 이익이 실현된다. 반면 기존 주주들의 주식 가치가 희석되고, 물량 폭탄으로 주가가 하락할 수 있다. 하지만 나는 산업은행이 함부로 '개미 죽이기'를 하지 않을 것으로 판단했다. 전환한 주식은 매각하여 민영화를 단계적으로 진행할 가능성도 높았다. 아니나 다를까 이 발표 후 주가는 크게 떨어지지 않았다. 이미 반영되어 있던 악재였다.

다시 한 번 정리해보자. 전환사채는 주식으로 전환할 수 있는 권리를 가신 채권이나, 선택권이 부여된 것이다. 따라서 채권의 장점을 얻을 수도, 주식의 장점을 얻을 수도 있다. 주식으로 전환하지 않으면 일반 채권과 똑같이 수익이 난다. 만기일이 정해져 있고, 그때까지 이율을 지급받는 것이다. 상황에 따라 주식으로 전환하면 보다 높은 수익을 창출할 수도 있다. 주식으로 전환할지, 아니면 계속 보유하며 이자를 받을지는 투자자 본인의 선택이다.

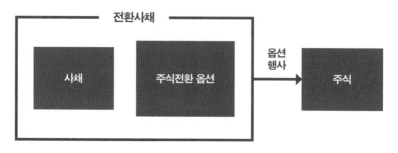

[전환사채를 주식으로 전환하는 과정]

　전환사채는 이처럼 양쪽의 이득이 있기 때문에 보통 표면금리가 낮게 발행된다. 기업 입장에서는 이자를 적게 주면서도, 추후에 주식으로 전환되면 부채가 아닌 자본으로 재무제표에 잡히니 매력적이다. 다만 자금을 모으기 쉽지 않아 전환사채를 발행하는 경우도 있으므로 회사를 꼼꼼히 살펴보는 것이 중요하다.

　회사채에 투자하면 아무래도 보다 많은 기회가 있다. 나라가 발행하는 채권은 국채, 회사가 발행하는 채권은 회사채, 지역개발사업을 위해 발행하는 채권은 지방채다. 국채는 대표적인 안전 채권이다. 회사채에 투자할 때는 조금 더 신중해야 한다. 채권 투자는 안전한 수익을 얻는 것이 장점이다. 하지만 채무자가 파산하면 얘기가 달라진다.

　그럼 구체적으로 전환사채에는 어떻게 투자할 수 있을까? 증권사 앱에 들어가면 직접 채권을 매수할 수 있다. 풀무원66CB를 예로 들어보겠다. 풀무원66CB는 표면 이자율 4.8%의 전환사채다.

이자는 3개월마다 주는데, 분기당 이자는 1.6%가 될 것이다. 이 전환사채는 세 가지 방법으로 운용할 수 있다. 먼저 10,450원에 백만 원어치를 매수한다고 가정해보자. 아래 계산 방법은 이건희의 《채권투자 교과서》를 참고한 것이다.

- **사채명:** 풀무원66CB
- **발행일:** 2019/09/30
- **발행액:** 700억 원
- **만기일:** 2049/09/30
- **전환청구 기간:** 시작일 2019/10/30~종료일 2049/08/30
- **전환 가격:** 27,000원
- **전환 비율:** 100%
- **이자지급 방법:** 3개월 후급
- **표면이율:** 4.8%
- **만기상환율:** 100%
- **선/후순위:** 후순위
- **매수일:** 2021년 7월 14일. 전환사채 가격 10,450원
- **주식 가격:** 19,450원
- **매수 수량:** (매수 가능 금액/매수 단가) × 10

     =1,000,000/10450 × 10 =956채
- **매수 금액:** 매수 수량 × 매수 금액 / 10 =999,020원

참고로, 계산식에서 10을 나누고 곱하는 이유는 1만 원짜리 채권을 1천 원 단위로 매수하기 때문이다. 예를 들어 1만 원짜리 채권을 살 때는 천 원 단위로 계산되므로 수량 10을 눌러야 만 원어치가 사진다. 이는 직접 매수해보면 쉽게 이해할 수 있을 것이다.

전환사채 중도 매각

첫 번째 투자 방법은 전환사채를 그대로 보유하다가 중도 매각하는 것이다. 예를 들어보자. 10,450원짜리 채권을 백만 원어치 사서 371일 보유했다. 1년 후 채권 가격이 12,000원이 됐다. 풀무원의 주식 가격도 올라 25,000원이 되었다. 여기서 수수료, 과세표준, 세금 등은 제하고 간단히 계산해보자. 전환사채 가격이 오르고 이자를 다 받으면 매도 시 연평균 수익률 20.59%를 달성함을 확인할 수 있다. 단, 이것은 채권 가격이 올랐다는 가정임을 잊지 말자.

- **매도일:** 2022년 7월 20일
- **전환사채 가격:** 12,000원
- **주식 가격:** 25,000원
- **매도금액:** 매도 수량 × 매도 단가 / 10 = 956 × 12,000 / 10 = 1,147,200원

- **표면이자 수입:** 수량 × 1,000 × 3개월 표면이자율 × 이자수령 횟수 = 956 × 1,000 × 0.016 × 4 = 61,184원
- **수익률:** 매도 금액 − 매수 금액 + 표면이자 수입 / 투자원금 × 100 = (1,147,200 − 999,020 + 61,184) / 1,000,000 = 약 20.93%
- **연평균 수익률:** 수익률 × 365 / 투자기간 = 20.93 × 365 / 371 = 연평균 수익률 약 20.59%

전환사채 주식 전환

다음은 전환사채를 주식으로 전환하는 경우를 예로 들어보겠다. 주식이 3만 원까지 올라갔으므로 이 전환사채를 주식으로 매각한다고 해보자. 매수 수량과 매수 금액은 위와 같다. 이자도 똑같이 받았다. 주가가 3만 원까지 올라갔는데 수익률이 위의 경우보다 낮은 이유는 주식 선환 수량을 계산한 항목을 보면 이해하기 쉽다. 내가 가진 채권매입액을 전환가로 27,000원으로 나누기 때문이다. 따라서 주가가 많이 오를수록 수익이 높아진다.

- **매도일:** 2022년 8월 20일
- **전환사채 가격:** 12,000원

- **주식 가격:** 30,000원
- **주식 전환 수량:** 채권 매입 액년 / 전환 가격 = 956,000 /
  27000 = 35.407(35주)
- **주식 매도 금액:** 주식 수량 × 주가 = 35 × 30,000
  = 1,050,000
- **수익률:** 주식 매도 금액 − 매수 금액 + 표면이자 수입 /
  투자 원금 × 100 = 약 11.21%
- **연평균 수익률:** 수익률 × 365 / 투자 기간 = 11.21 / 365
  / 402 = 연 약 10.18%

전환사채 만기 보유

마지막으로 전환사채를 만기까지 보유하는 전략을 써보겠다. 채권 가격이 중간에 흔들리든 말든 끝까지 보유해 이자를 받는다. 이렇게 만기에 매도하면 투자한 돈을 거의 그대로 돌려받는다. 여기서 '거의'라고 말하는 이유는 매수할 때 만 원짜리 채권을 조금 비싼 10,450원에 샀기 때문이다. 따라서 그 차액만큼은 제하고 돌려받는다. 이 전환사채는 5년마다 이율이 조정된다. 하지만 같은 이율을 지급한다고 가정해보겠다. 28년 동안 이자만 쭉 받으며 만기 보유할 경우 수익률은 다음과 같다. 약 170%로 연 약 6%이다.

- **매도일:** 2049년 9월 30일
- **보유기간:** 10,305일(2021년 7월 14일~2049년 9월 30일)
- **만기 상환 금액:** 만기 상환율 × 상환 수량 × 액면가 / 10
  $$= 1 \times 956 \times 10,000 / 10 = 956,000$$
- **표면이자 수입:** 수량 × 1000 × 3개월치 표면이자율 × 이자수령 횟수 = 1,743,744
- **수익률:** 만기상환 금액 − 매수금액 + 표면이자 수익 / 투자 원금 × 100 = (956,000 − 999,020 + 1,743,744) / 1,000,000 × 100 = 약 170%
- **연평균 수익률:** 수익률 × 365 / 투자 기간 = 약 6%

이렇게 전환사채를 보유하면 3가지 단계로 수익을 낼 수 있다. 각각의 상황에 따라 수익률이 달라질 것이다. 좋은 가격에 전환사채를 중간 매도할 수도 있고, 주가가 많이 오르면 주식으로 전환해 이익을 낼 수노 있다. 이도 저도 아니면 그냥 만기까지 보유하면 된다. 안전하고 확실하며 보다 높은 수익을 추구하는 방법이다. 계산 예시를 보고 투자할 때 직접 계산해보기 바란다.

회사채를 고를 땐 재무가 안정적인 회사를 골라야 한다는 것을 잊지 말자. 채무자가 파산하면 말짱 도루묵이기 때문이다. 나는 BBB+, BBB0, BBB− 등의 BBB등급 회사의 채권을 선호한다.

A급 채권에 비해 수익률이 높기 때문이다. 또한 재무 상황이 보다 나아지면 시세 차익을 노릴 수도 있다. 주식을 공부하며 재무제표 공부를 하는데, 그 지식을 채권 투자에서 활용하면 보다 안정적이고 높은 수익 달성이 가능할 것이다.

그리고 예로 든 풀무원 전환사채는 후순위채다. 후순위채는 파산 시 선순위 채권자에게 먼저 돈을 주고 나서 지급한다. 그래서 표면금리가 높은 것이다. 기업 입장에서는 후순위채의 매력이 높다. 강조하건대, 후순위채는 안정적인 회사로 선택하는 것이 좋다.

전환사채의 가격은 주가에 따라 움직인다. 따라서 주가가 많이 올라갈 듯한 전환사채를 찾는 것이 비법이다. 주가는 오랫동안 하락하거나 횡보할 수 있지만 전환사채는 고정된 이자에 플러스 알파를 받을 수 있다. 정 안 되면 만기까지 보유하는 보수적인 입장을 취해도 된다. 그래서 나는 전환사채를 발행한 회사라면 주식보다는 전환사채에 투자한다. 요즘같이 물가가 오르고 경기가 좋지 않을 때도 매력적이다. 채권을 보유하며 고수익을 낼 수 있는 특별한 기회를 놓치지 말자.

빌 그로스의
채권 투자 비법

         시대를 풍미한 채권왕 빌 그로스가 아스퍼거 증후군에 시달렸다는 사실을 아는가? 아스퍼거 증후군은 사회적으로 의사소통 능력이 떨어지는 자폐성 상애인네, 아스퍼거 증후군에 걸린 사람은 한 가지에 집착해 놀라운 성과를 가져오기도 한다. 빌 그로스가 바로 그 예라고 할 수 있다.

    빌 그로스는 태평양 투자관리사 핌코를 공동창업했다. 핌코는 9백억 달러 상당을 관리하는 세계 최대 채권 투자기관으로, 연평균 11% 넘는 압도적인 수익률을 달성하기도 했다. 그로스는 2014년 연평균 7.8% 수익이라는 기록을 남기며 75세의 나이로 공식 은퇴했다.

그가 예측한 거시 경제는 거의 맞아떨어졌다. 2011년에는 저성장과 저투자수익을 예견했고 2021년에는 물가상승이 가속되고 돈 풀기 정책의 끝을 보게 될 것이라 말한다. 그의 저서를 읽으며 인간과 종교 그리고 경제에 대한 통찰이 남다르다고 느꼈다. 사회 환원에도 적극적이어서 지난 20년간 8억 달러 한화로 9천억 원의 기부금을 냈다. 그는 아스퍼거 증후군으로 인한 집착증이 투자 전략을 집중해 짜는 데 큰 도움이 되었다고 했다.

그의 사례를 알고 전율을 느꼈다. 나는 별난 아이를 키우며 기질 공부를 했다. 바닥에 바닥까지 파고들었다. 기질을 비롯해 자폐스펙트럼, ADHD, 영재성 등 많은 분야에 대해 공부했고 육아서, 논문, 외국 자료 등 읽지 않은 것이 없을 정도다.

그래서 나는 자폐적 성향을 가진 사람에 대해 잘 안다. 사회성이 조금 떨어지는 듯하지만 한 분야에 미치도록 파고드는 사람들이 우리 주변에 많다. 빌 게이츠나 스티븐 잡스도 그런 예다. 일론 머스크는 학창 시절 왕따였다. 독서광들도 별반 다르지 않다. 하나만 죽도록 파고 극도로 섬세했다는 필립 피셔 등의 투자 대가도 내 눈에는 비슷한 류로 보인다. 그들은 다른 사람들이 닿지 못하는 영역에 도달한다. 환경과 운이 좋으면 크게 성공하기도 한다.

사실 나도 조금 비슷한 성향을 가졌다. 그래서 더욱 이해가 간

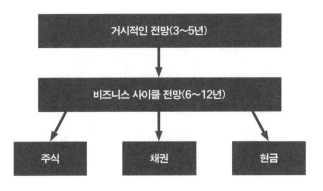

〔빌 그로스의 의사결정 과정〕

다. 하나 파고들면 미친 듯이 뒤진다. 2021년 초 도지 코인에 투자해 약 7배의 수익을 낸 것도 그런 일론 머스크의 성향을 알고 공부해 투자했기 때문이었다. 그래서 나는 빌 그로스의 채권 투자 전략을 믿고 따른다.

경기에도 사계절이 있다

그는 채권으로 수익을 내려면 첫째, 세계 경제의 흐름을 이해해야 한다고 말한다. 인플레이션, 금리, 불황 등을 예견하는 것이다. 나는 이 분야에서 탁월한 덕분에 많은 자산 투자에서 좋은 결과를 얻었다. 2021년 초에 《엄마의 주식 공부》를 출간하고 북토크를 할 때 인플레이션을 미리 준비하라고 알려주기도 했다. 내 말을 귀 기울여 들은 사람은 좋은 결과를 얻었을 것이다. 나처럼 경제 공부를 하고 대가들의 책을 읽어라. 파고들고, 또 파고들어라. 이제부터 더 구체적으로 빌 그로스의 전략을 알아보자.

먼저 3년 이상의 장기적인 시각으로 경기를 전망한다. 3~5년 정도를 생각하면 된다. 먼저 인플레이션 즉 물가 흐름을 파악한다. 경제가 성장할지 둔화할지 생각한다. 경기에도 사계절이 있다.

봄에는 도미노처럼 선순환이 이뤄진다. 사람들이 집을 산다. 신규 주택이 늘어난다. 건축자재를 생산한다. 근로자의 임금 인상이 일어난다. 기업 이윤이 확대된다. 그 결과 차 구매가 늘고 회사의 설비 투자가 늘어난다.

여름 경제는 매미가 맴맴 우는 무더운 날씨와 비슷하다. 이런 선순환이 반복되니 대출이 는다. 좀 무리다 싶을 정도로 확대되기도 한다. 주가는 고공 행진을 기록한다. 선순환이 가속화된다. 경제가 팽창하고 인플레이션이 유발된다.

이렇게 인플레이션에 도래하면 가을이다. 수확이 시작된다. 주가는 고점을 찍는다. 부채 수준이 높아져서 돈을 빌려주길 꺼린다. 물가가 오르며 통화 가치가 떨어진다. 더더욱 자산 시장으로 돈이 몰린다. 모든 것에 거품이 낀다. 불안이 큰 사람은 이때 적당히 물러나기도 한다.

겨울에는 이 선순환의 고리가 태엽 되감기처럼 다시 돌아간다.

악순환이 시작되는 것이다. 어느 순간 사람들은 대출 창구가 막힌 것을 깨닫는다. 높아진 금리로 대출 이자 갚기도 어려워진다. 빚에 허덕이다가 파산하는 사람이 는다. 기업도 근로자를 해고하기 시작한다. 경제가 축소된다. 심리는 더욱 빠르게 얼어붙는다. 주식, 부동산 등의 자산 시장이 하락한다. 이 시기를 견디면 다시 봄이 시작된다.

이처럼 봄, 여름, 가을, 겨울을 겪으며 경제 주기가 반복된다. 지금은 어느 주기에 있을까? 지금은 물가가 오르는데도 돈 풀기를 멈추지 못하고 있다. 이 글을 쓰는 요즘의 날씨만큼 덥게 느껴진다. 그런데 특이한 건, 오프라인 상권들을 보면 꽁꽁 얼어붙어 있다는 것이다. 자산 시장에 발 담그지 못한 사람들의 박탈감도 상당하다. 양극화가 너무나 크게 느껴진다. 물가가 올라도 금리를 올리지 못하고 돈을 풀 수밖에 없는 정부의 갈팡질팡 허덕임이 보인다. 그래서 더더욱 속도가 빨라진다. 물가는 올라가고 거품이 커질 것이다. 이후 올 추운 겨울을 나는 지금부터 대비하고 있다.

투자의 안정성과 수익성을 모두 잡는 법

이처럼 3~5년 거시 경제를 파악하고 비즈니스 사이클을 파악하는 것이 빌 그로스의 전략이다. 이러한 경제 상황에서 기업들은 어떤 행보를 보일까? 이를 6~12개월 단위로 파악하고 주식, 채권, 현금 등 포트폴리오를 배분하는 전략을 구사한다. 일명 톱다운(top-down) 방식이다. 큰 흐름을 먼저 살피고 세부항목으로 넘어가는 것이다.

나의 경우 이러한 경제 상황에서 위기를 극복하고 좋은 이윤을 낼 회사를 찾는다. 10년간 가져갈 수 있는 회사를 선택한다. 하지만 타이밍이라는 것이 있다. 아무리 좋은 주식이나 채권도 고점에 물리면 애물단지가 된다. 그래서 중단기적으로 그런 타이밍을 살핀다. 이를 보기 위해 회사를 조사하고, 사업보고서를 읽으며, 재무제표를 살핀다. 주식투자와 비슷하다. 그래서 내 투자 자산은 대체로 평단가가 낮다. 그리고 높은 수익을 낸다.

주식, 채권, 현금 등의 포트폴리오를 효과적으로 구성하라고 그로스는 조언한다. 투자의 안정성과 수익성을 모두 확보할 방법을 찾으라는 것이다. 벤자민 그레이엄이나 워런 버핏은 주식에만 투자하지 않는다. 채권을 적절히 활용한 것이 특징이다. 이는 두 마리 토끼를 다 잡으려는 나의 전략과도 일치한다. 따라서 나는 주식이나 채권 등 한 자산에 올인하지 않는다. 상황을 보며 보다 높은 수익을 낼 수 있는 쪽으로 옮겨간다. 그리고 1년 단위로 이를 점검한다. 분산투자를 한 덕에 내 자산은 안정적이고 어떤 정부 정책에도 유연하게 적응할 수 있다.

마지막으로 빌 그로스는 성공의 열쇠를 투자자가 쥐고 있다고 조언한다. 심리적인 부분, 즉 인내를 잊지 말자. 투자는 위험을 관리하는 것이다. 인내하지 못하는 성격이라면 이를 알고 기계적으로 투자하는 것이 좋다. 알람시계처럼 매월 일정 금액을 ETF에 투자하는 전략을 앞서 설명했다. 빌 그로스에 끌린다면 《채권 투자란 무엇인가?》 등 그의 저서들을 읽어보라. 새로운 통찰을 얻게 될 것이다.

이것만 조심하면
채권 수익 난다

　　　　　　　'닭을 키울까, 오리를 키울까?'

농장을 운영하게 되었다고 해보자. 닭이나 오리를 키우려는데 둘 중 무엇을 키울까 고민된다. 수익은 둘 다 비슷하다. 다만 오리를 키우면 물이 있어야 해서 수고스럽다. 하지만 비가 많이 오면 아무래도 오리가 안전할 것 같다. 집 근처에 강이 있기도 하다. 닭은 물이 필요 없어서 상대적으로 편하다. 하지만 만약 홍수가 나면 수영을 할 줄 아는 오리는 살아남아도 그렇지 않은 닭은 죽을 가능성이 크다. 결국 오리를 키우기로 결정한다.

이처럼 현명한 투자자는 홍수라는 드문 위험까지 대비해서 움직인다. 이를 '리스크 관리'라고 한다. "첫째도 둘째도 돈을 잃지 마라"는 워런 버핏의 말을 잊지 말자. 이 말은 채권 시장에도 적용된다.

채권에도 '묻지 마 투자'는 금물

채권은 비교적 안전한 투자라고 알려져 있다. 그런데 채권도 위험이 있다. 주식을 살 때는 사람들이 회사 분석을 많이 한다. 주식은 상승과 하락 폭이 크기 때문에 열심히 공부하는 것이다. 그런데 채권은 '묻지 마 투자'가 너무나 많다. 원금이 보장되고 이자가 나오니 만기까지 보유하면 '만사 오케이'라는 사고방식은 위험하다. 채무자가 파산하면 채권 금액을 돌려받지 못할 수도 있기 때문이다.

대기업도 파산할 수 있다. 우리나라에서 최근 가장 힘들었던 대표적인 업종은 조선업이다. 2008년 금융위기 전 조선업 호황기에는 돈을 많이 벌었다. 하지만 글로벌 경제위기 이후 선박 수주가 끊겼다. 치킨 게임이 시작됐다. 재무가 불안해진 회사는 법정관리 신청을 했다. 일부 회사들은 파산했다. 요즘은 항공사가 좋지 않다. 글로벌 항공사들도 줄 파산한다. 이러한 파산 위기를 대한항공 등의 국내 항공사들은 겨우 버텨내고 있다.

대기업이라고, 표면금리가 높다고 상황이 좋지 않은 기업의 채권에 덜컥 투자하면 손해를 볼 수 있다. 소중한 돈을 빌려줬다는 것을 잊지 말자. 돈 떼이고 채무자는 도망가는, 뉴스에서 흔히 보던 '막장 드라마'가 현실에서도 일어날 수 있다. 내가 돈을 빌려줄 회사를 조사하고 분석하는 것이 필수다.

또한 국채라고 마냥 안전한 것은 아니다. 나는 미국 채권에 주로 투자했다. 고수익을 주고 안전했기 때문이다. 그리스 주식에 투자한 적도 있다. 유럽 연합이 그리스가 망하게 두지 않을 것이라고 판단했기 때문이다. 그런데 만약 브라질 채권에 투자했으면 안전했을까?

2011년 브라질 국채 열풍이 불었다. 2011년에는 브라질 국채 금리는 12.3%였다. 당시 3조 원 이상의 국채가 팔렸다. 이자와 매매 차익 모두 비과세라는 장점도 있었다. 증권사도 높은 수수료로 짭짤한 수익을 올렸다. 그러나 이후 브라질 국채 금리는 하락했다. 빈번한 대통령 탄핵으로 정치가 불안했고, 조금 회생하는 듯하더니 코로나19 타격을 받았다. 브라질 화폐인 헤알화마저 곤두박질쳤다.

국채에 투자할 때도 안전한 나라를 골라야 한다. 정치가 안정되어야 하고 금융 선진국이라면 더 좋다. 높은 성장까지 이루고 있다면 더욱 매력이 높을 것이다. 사실 그런 나라가 몇 없다. 나는 미국 국채가 좋다. 그리고 대한민국 채권도 매력이 높다고 생각한다.

이처럼 그 나라에 대한 이해를 가지고 투자해야 한다. 채권은 '안정성'이 1순위인 투자 상품이다. 고수익을 좇다가 그 중요한 안정성을 놓치면 안 된다. 고수익은 주식으로도 충분히 달성 가능하기 때문이다. 국채라고 마냥 믿지 마라. 돌다리도 두들겨보고 가는 것이 좋다. 현지 상황에 이해가 높으면 더욱 좋을 것이다.

위험을 인지하라

마지막으로 채권은 가격 등락이 있는 상품이다. 다시 강조하지만 만기 보유 전략으로 가면 상관없다. 그래서 같은 수익이라면 만기가 짧은 채권이 매력적이다. 중간에 사고판다면 채권 가격도 움직일 수 있다. 급한 돈이라면 신중히 접근해야 한다. 그냥 예적금과 다른 점은 바로 이거다. 중간 손실이 날 수도 있는 것이다. 중간에 매매를 한 차익으로 더 높은 수익을 낼 수도 있다. 그건 경제 공부를 많이 한 사람의 영역이라는 것을 잊지 말자. 채권은 서시 경제 공부를 해야 한다.

코로나19로 인한 하락장과 같이 심리가 위축될 때는 주식뿐 아닌 채권도 가격이 떨어진다. 물론 채권 가격을 가장 흔드는 것은 금리의 움직임이다. 그래서 보통 채권과 주식은 따로 움직인다. 금리가 오르면 채권 가격이 떨어진다. 하지만 경기가 좋으므로 주식은 오른다. 반면 금리가 내리기 시작하면 채권 가격이 좋다. 하지만 경기가 나쁘므로 주식은 불안정하다. 다만 심리적으로 흔들리는 하락장에는 주식과 채권이 모두 하락한다. 다들 하늘이 무너진다며 금을 사든지 암호화폐로 도망간다. 단기적으로는 채권도 흔들린다는 것을 잊지 말자. 이후 금리를 파악하면 대응하기 쉽다.

나는 아무리 자산 가격이 떨어져도 끄떡없다. 멀리 내다보며 버티기를 잘한다. 그런데 남편은 다르다. 못 참고 대응하다가 오히려 잃기도 한다. 그래서 남편은 하락이 시작되면 아예 계좌를 잠그고 로그인도 안 한다. 뉴스만 보다가 경기가 회복되면 그제야 계좌에 들어간다. 남편은 나와 인내심 그릇이 다르지만 자신을 잘 알고 리스크 관리를 하기 때문에 나와 비슷한 투자 수익을 얻는다. 중요한 것은 인지하는 것이다. 위험을 알아라, 그리고 대비하라. 그러면 보다 안전하고 즐거운 투자가 될 것이다.

물가연동채권에 투자하고
푹 자라

　　얼마전 나는 '은행에 그냥 넣어두는 것이 주식보다 더 위험하다'라는 제목으로 브런치에 글을 올렸다. 원래는《엄마의 주식 공부》에 들어갈 내용이었는데, 주식보다는 돈 공부에 가까운 내용이라는 의견이 있어 책에는 빠졌다. 이 글이 1만 조회수를 순식간에 넘더니 5만, 10만, 15만, 결국 20만 조회수를 넘었다.

　　댓글을 보니 논쟁이 한창이었다. 그냥 은행 예금으로 넣어두고 이자 2%나 받겠다는 사람부터, 예전에 주식 투자로 돈을 잃었다가 장기투자를 시작하며 부동산 두 채 정도의 수익을 이루었다는 사람까지. 하지만 대부분은 무슨 '개 풀 뜯어먹는 소리냐'는 반응이었다. 여기에 그 글의 도입 부분을 소개한다. 유튜브 〈삶테크 TV〉 영상 중 하나를 요약한 것이다

> 미래를 갉아먹고 재산을 반 토막 내는 인플레이션, 20년 마다 내 재산은 반토막이 난다. 경제가 성장하면 화폐 가치 하락은 당연한 현상이다. 물가 상승 체감은 그보다 더 크다. 1960년에 짜장면 한 그릇은 15원이었다. 하지만 지금 짜장면 한 그릇에 6천 원이다. 60년 동안 400배가 오른 것. 100세 시대에 인플레이션은 노후 자금이 중요한 사람들에게 악마 같은 존재다. 당장 몇 년은 인플레이션에 영향을 받지 않지만 10년, 20년 후는 다르다. 이처럼 현금성 자산은 20년 후에 반토막 난다는 것을 인지해야 피해를 막을 수 있다.

물가 상승 폭만큼 원금이 까인다는 건 무슨 말일까? 통장에 100만 원을 넣어두었다고 해보자. 연간 물가상승률이 2%라면 물가가 상승한 2%만큼 돈 가치가 하락한다. 내년에는 98만 원 어치의 구매 능력을 가지게 되는 것이다. 사람들은 예금에 넣어두었으니 돈이 안전하다고 생각한다. 그런데 당신의 돈은 점점 줄어들고 있다. 나는 예전에 통장을 점검하다가 매달 돈이 나가는 걸 알고

화들짝 놀란 적 있다. 아이폰이 버벅거릴 때 사진이 날아갈까봐 급하게 클라우드 서비스를 결제했던 것이다. 매월 3,300원이 나가고 있었다. 사실을 알고 당장 결제를 취소했다.

이처럼 실제 돈 나가는 것이 통장에 찍히면 당장 해결할 것이다. 그런데 통장에 찍히지 않으니 모른다. 그래서 더 무섭다. 내 호주머니에 구멍이 났는데 그것도 모르다니 안타깝다. 그래서 돈 공부를 해야 한다. 원대한 목표를 갖는 것도 좋다. 하지만 그보다 먼저 내가 가진 걸 지켜야 할 것 아닌가.

인플레이션에 어떻게 대처할 것인가

인플레이션을 여러 번 언급했는데, 정확한 뜻을 짚고 넘어가자. 인플레이션이란 화폐 가치가 하락해서 물가가 전반적으로 지속적으로 상승하는 경제 현상이다.

최근 팟값이 과도하게 올랐다며 베란다 텃밭에 파를 심어 먹는다는 사진 인증이 SNS상에서 유행했다. 이처럼 비용이 늘어난 경우는 '비용 인플레이션'이라고 한다. 그리고 수요가 크게 증가한 경우는 '수요 인플레이션'이라고 한다. 비용과 수요의 문제가 아니라 정부 정책을 인플레이션의 원인으로 보기도 한다. 역사적으로 모든 전쟁 시기에는 인플레이션이 발생했다. 1812년 영미전쟁, 남북전쟁, 양차 세계대전 등 전쟁에 필요한 돈을 마련하기 위해 정부가 돈을 찍어내는 것이다. 물가를 가장 빠르게 상승시키는 건 바로 화폐 발행이다.

전쟁은 아니지만 인류는 최근 큰 어려움을 겪고 있다. 코로나19 때문이다. 각국은 역대급으로 돈을 풀었다. 쉽사리 돈 풀기를 멈추지 못한다. 백신 접종으로 코로나19의 위험이 조금 사그라드니 '보복 소비'까지 일어났다. 따라서 많은 전문가가 물가 인상을 어떻게 대처할지에 초점을 맞히고 있다. 미국 연방준비제도이사회의 발표를 눈여겨보자. 또 미국과 한국의 물가 인상을 살펴보자. 최근 미국은 2021년 6월 13년 만에 최고인 5.4% 물가상승을 발표했다. 한국은 2.6% 껑충 뛰어올랐다. 이렇게 물가가 상승하는 만큼 현금 가치는 하락하고 있다.

물가 상승에 대비해야 한다. 실물자산이 좋은데 대표적인 실물자산은 부동산이다. 투자와 거주 가치 모두 훌륭한 부동산을 찾아라. 주식에 투자한다면 실물자산의 가치가 높은 기업을 찾아라. 중요한 건 '실적'이다. 가격 결정력이 있는 기업은 물가가 상승하면 판매가를 올려 그만큼 소득을 얻을 수 있다. 채권에 투자한다면 물가연동채권이다. 이름만 들어도 힌트가 나온다. 물가에 연동되는 수익을 주기 때문이다. 물가연동채권에 투자하면 물가가 상승하는 만큼 가격이 오른다. 거기에 이자 수익률이 더해지기 때문에 물가 상승에도 내 돈을 보호하며 추가 수익을 낼 수 있다.

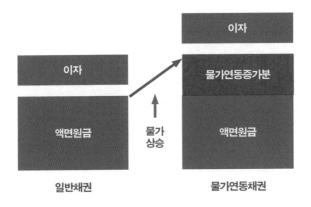

이자

물가연동증가분

이자

액면원금

물가
상승

액면원금

일반채권

물가연동채권

〔일반채권과 물가연동채권 비교〕

어떤 물가연동채권이 좋을까?

앞서 이야기한 것처럼 나는 물가연동채권에 투자하여 수익을 내고 있다. 앞서 미국 물가연동채권 ETF 중 대표적인 Vanguard Short Term Inflation Protected Securities ETF(VTIP)를 소개했다. 이 ETF는 최근 1년간 5.92%의 수익률을 기록했다. 나는 주식에 투자하기 때문에 현금 대용으로 가격 변동이 적은 이 상품을 골랐다. 앞서 설명한 것처럼 단기·중기·장기채권의 만기일에 따라 가격 등락이 심하다는 것을 잊지 말자.

좀 더 변동성을 견딜 수 있고 채권 비중이 크다면 PIMCO 15+

미국 물가연동채권 ETF	Duration	수수료	분배금	가격
iShares TIPS Bond ETF (TIP)	7.9년	0.19	1.87%	$129.00
Vanguard Short Term Inflation Protected Securities ETF(VTIP)	2.5년	0.05	1.35%	$52.28
PIMCO 15+ Year U.S. TIPS Index Exchange-Traded Fund (LTPZ)	21년	0.20	2.05%	$87.98

출처: Yahoo Finance 2021년 7월 8일 기준

Year U.S. TIPS Index Exchange-Traded Fund (LTPZ)도 괜찮다. 듀레이션(원금을 회수하는 데 걸리는 시간)이 평균 21년인 장기채권이다. 이는 평균 듀레이션 2.5년인 VTIP보다 변동성 심하지만 보다 그에 비례하는 수익률을 준다. 최근 1년 5.87%, 3년 10.83%, 5년 7.01%의 수익률을 보인다. 그 중간쯤에 속하는 iShares TIPS Bond ETF(TIP)는 듀레이션 7.9년이며, 가장 운용 규모가 큰 대표 상품이다. 최근 1년 6.05%, 3년 6.32%, 5년 3.99%의 수익률을 보인다.

미국의 대표적인 인플레이션 헤지 ETF는 이러하다. 그렇다면 한국의 물가연동채권은 어떤 것이 있을까. 증권사 앱 채권 메뉴에 들어가 조회해보자. 2013년 발행된 물가 01125-2306(13-4)부터 최근 20년 발행된 물가 01125-3006(20-5)가 보인다. 표면이율 1.1250%를 6개월마다 나누어준다. 물가에 연동되어 상환 가격이

올라감은 물론이다.

이전에는 물가에 연동되어 얻은 물가연동채권 수익은 비과세였다. 따라서 절세상품으로도 유명했다. 하지만 요즘 발행된 물가연동채권은 모두 과세된다. 한국 기준 이전 발행된 물가연동채권을 매수할 시 3년 보유해야만 절세 효과가 있다. 물가연동채권이라고 만능은 아니다. 만기 이전에 매매할 경우 가격 변동이 있다.

요즘은 인플레이션이 아닌 스테그플레이션을 예견하기도 한다. 코로나가 다시 심해지며 경기가 후퇴하기 때문이다. 인플레이션이나 스테그플레이션이나 물가가 오르긴 매한가지다. 스테그플레이션은 경기가 좋지 않아 금리를 올릴 수 없는 상태이므로 물가 상승이 더욱 가팔라진다.

이전에는 저성장 저물가 시대였지만 요즘에는 물가가 높아졌다. 물가가 올라가면 현금 가치가 떨어진다. 이로 인한 대폭락을 예견하는 사람도 많다. 하지만 나는 두 다리 뻗고 잔다. 물가연동채권에 투자하기 때문이다. 이 좋은 상품을 사람들이 몰라서 안타깝다. 이제부터는 다 같이 발 뻗고 자자.

PART 5

부자 엄마는
암호화폐도 공부한다

잃어버린 다이아몬드를
찾아드립니다

    결혼하고 얼마 지나지 않아 다이아몬드 결혼반지를 잃어버렸다. 반지가 조금 컸는데, 그대로 끼고 다니다가 사달이 난 것이다. 마지막으로 갔던 카페에 다시 가서 샅샅이 뒤졌으나 결국 찾지 못했다. 보석 욕심은 없지만 상징적인 물건이기에 생각할수록 속상해했다. 그런데 앞으로는 블록체인 기술로 잃어버린 반지를 다시 찾을 수 있을지 모른다.

    다이아몬드는 이 세상에서 가장 귀한 보석으로 여겨진다. '변하지 않는 영원함'이라는 상징으로 예물에도 많이 사용된다. 지금까지 소비자들은 그저 브랜드를 믿고 다이아몬드를 구매했다. 그런데 앞으로는 다이아몬드 원석이 보석이 되기까지 어떤 유통 과정을 거쳤는지 블록체인에 남길 수 있다. 각각의 제품에는 고유한 넘버가 부과되며 소비자도 정보를 쉽게 열람할 수 있게 된다. 실제로 2015년 4월 영국에서는 블록체인 기술을 접목해 다이아몬드를 관리하기 시작했다.

한편 우리나라에서는 2020년 〈블록체인 기반의 분실물 보상 및 회수 모델〉(홍성호 외 3인 공저)이라는 학술 저널이 발표됐다. 블록체인을 이용해서 사용자 간 분실물을 돌려주고 보상을 받는 모델을 제시한 것이다. 이건 한 예일 뿐 발전 가능성은 무궁무진하다.

암호화폐라는 혁명

인터넷이 등장한 후 사람들의 삶은 많이 달라졌다. 정보의 바다를 헤엄친다고 해도 과언이 아니다. 나의 경우 맛집 하나를 찾을 때는 먼저 인터넷을 검색해본다. 다른 사람들의 평을 찾아보고, 위치와 시간을 가늠해보고, 같이 가기로 한 친구에게 공유까지. 예전에는 맛있는 식당을 찾으려면 현지 사람들에게 수소문해야 했지만, 지금은 어디서든 자유롭게 정보를 검색하고 그 정보를 다양한 방식으로 교환한다. 이를 정보혁명, 즉 3차 산업혁명이라 부른다.

암호화폐의 등장은 정보 혁명 버금가는 '기록' 혁명이다. 일부는 데이터 혁명이라고도 부른다. 정보의 바다에서 업그레이드되어, 가치 있는 정보를 기록하기 시작한 것이다. 비트코인으로 거래 내역을 저장하는 것에서 시작해, 출생증명서, 혼인증명서, 건강검진 자료 등 중요한 자료들을 블록체인에 기록하고 적은 비용으로 유지 관리할 수 있게 되었다.

기록을 사고팔기도 한다. 정부 기관은 각종 정보를 보호하려고 천문학적인 비용을 쓴다. 그런데 이제는 정보 관리에 대중이 참여해서 적은 비용으로 최대의 효과를 낸다.

나는 인스타그램을 운영한다. 인스타그램은 감성 사진 위주의 SNS이고 동영상을 올리기도 편리하다. 짤막하게 글을 쓸 수도 있다. 그런데 유튜브나 블로그는 콘텐츠를 올려 조회수를 늘리는 것만으로 수익 창출이 되는 반면 인스타그램은 그렇지 않다. 팔로워가 많으면 협찬을 받거나 홍보를 해주는 대가를 받는 경우가 있지만 콘텐츠를 올리는 자체로는 수익 창출이 힘든 것이다.

이런 점이 아쉽다면 블록제인에 주목해보자. '스팀잇'이라는 글쓰기 플랫폼을 들어보았는가? 스팀잇에서는 글만 쓰면 보상이 주어진다. 내 글을 읽고 사람들은 '좋아요'와 비슷한 업보트를 누를 수 있다. 이 업보트가 많을수록 더 많은 암호화폐를 보상으로 받는다. 이걸 보고 나는 기존의 SNS 생태계가 달라질 것이라고 느꼈다. 이처럼 기록과 보상에 관한 혁명이 진행되고 있다.

암호화폐를 공부해야 하는 이유

미국에서 사는 친정엄마와 남동생에게 생일선물로 코인을 보냈다. 거래소 지갑에서 출금을 선택한 뒤 상대방 지갑의 링크를 복사하고 붙여넣기만 하면 된다. 인증서 로그인이나 OPT 카드 인증 없이 바로 발송된다. 수수료가 싸고 시간도 절약된다. 만약 은행으로 송금한다면 최소 하루 이상 걸릴 것이다. 본인확인을 해야 하고 수수료도 꽤 내야 한다. 하지만 코인으로 보내니 세상 편했다.

이처럼 결제 시스템에도 혁명이 진행되고 있다. 수수료가 싸고, 유지비용이 적게 들며, 더 빠른 방식으로 결제 수단이 바뀌고 있다. 특히 신용카드 수수료는 일반 가맹점 기준 2.5%인데, 암호화폐로 결제하면 수수료가 매우 낮거나 거의 발생하지 않는다. '중개자' 역할을 하던 은행 등 각종 기관은 이런 변화를 빨리 받아들이거나 도태되거나, 둘 중 하나의 기로에 섰다.

"1/3파운드버거 하나 주세요. 비트코인으로 결제할 수 있나요?"

얼마 전 유튜브 방송 '비트슈아'에서 비트코인으로 햄버거 사먹기 영상이 올라와 8만 조회수를 기록했다. 해당 유튜버는 미국 캘리포니아 Nexx Burger에서 스트라이크 앱을 활용해 12.66달러의 파운드버거를 사'먹었다. 결제는 비트코인으로 완료되었다.

이뿐만 아니다. 스타벅스는 디지털 지갑 앱 백트를 통해 비트코인 결제를 받기 시작했다. 스타벅스를 비롯해 굵직한 글로벌 회사들이 비트코인 등 암호화폐를 결제 수단으로 채택하고 있다. 아마존은 2021년 7월 25일 블록체인 사업에 뛰어든다고 발표했고, 페이팔도 암호화폐 결제 서비스를 시작해, 향후 2,900만 글로벌 가맹점으로 확대할 예정이다. 우리나라에도 암호화폐 결제를 받아들이는 회사가 생겨나고 있다. CGV, 할리스, 이마트24, 탐앤탐스 등도 적극적으로 움직이고 있다.

나는 네오코인에 관심이 있어 기존 포트폴리오에 살짝 담아보았다. 당시 네오코인의 가격은 1개에 33,935원인데 나는 1만 원어치만 사서 0.029468524네오코인을 얻었다. 이후 네오코인 가격이 16% 올라 11,699원이 되었다.

암호화폐는 사실 서민들이 하기 좋은 투자다. 이처럼 적은 돈으로도 가능하기 때문이다. 가격 변동을 견딜 정신력만 있다면 말이다. 암호화폐에 많은 돈이 몰리고 있다. 사실 많은 말이 필요 없다. 암호화폐를 공부할 이유는 그거 하나로 충분하다.

나는 2018년 7월 비트코인 폭락 뉴스가 떴을 때 암호화폐를 처음 매수했다. 당시 비트코인 가격은 1개에 7,548달러, 이더리움은 1개에 580달러였다. 0.1비트코인과 이더리움 1개를 매수해서 1,254달러가 들었다. 3년이 지난 2021년 내가 산 암호화폐는 대략 7배 올랐다. 처음에는 비트코인과 이더리움에만 투자했지만 2021년 봄에는 포트폴리오를 변경했다. 도지코인을 69원에 사서 7배 오른 400원대에 정리하기도 했다. 이후 가격이 떨어져 투자

규모를 더 늘렸다.

암호화폐보다는 '가상'화폐라는 말이 익숙하다. 언젠가 사라질 거라며 폭탄 취급하는 사람도 많았다. 롤러코스터처럼 가격은 폭등과 폭락을 반복했다. 게임 대신 암호화폐 한다는 사람도 생겨났다. 하루하루가 버라이어티하고 전쟁통이 따로 없었다. 사람들이 암호화폐 가격에 일희일비할 때, 암호화폐의 원천 기술인 블록체인은 조용히 세상을 바꾸고 있었다. 나는 잃어버린 다이아몬드 반지를 그리며 비트코인을 샀다.

지금 시작해도 늦지 않은
블록체인 이해하기

2009년 1월 3일. 내 이름은 사토시 나카모토. 최근 미국 은행들이 줄줄이 파산했다. 수익을 올리기 위해 수년간 갚을 능력이 없는 사람들에게까지 위험한 대출을 해준 탓이다. 무능한 중앙 권력의 부작용이다. 덕분에 돈을 갚지 못하는 사람들이 속출했다. 그러다 한순간 무너져내렸다. 정부는 돈을 무한정 찍어낼 것이다. 그러면 화폐가치가 떨어지고 가만히 앉아 돈을 잃게 된다. 정부가 통제하지 않는 화폐를 만들어야겠다. 은행의 역할을 블록체인 기술이 대신할 수 있을 것이다.

이 네트워크에 참여하는 모든 사람이 권력을 나눠 가진다. 거래 장부 사본을 각자의 컴퓨터에 저장하도록 해야겠다. 이렇게 하면 특정 개인이 장부를 조작해도 문제없다. 여럿이 나눠 가지고 있으니 증명이 가능할 것이다. 신규 거래가 쌓이면 새로운 데이터 블록을 추가하면 된다. 체인식으로 이전 블록에 새 블록을 연결하자. 연결 암호를 푸는 사람에게 기록의 권한이 생긴다. 이들에게 보상으로 비트코인을 주겠다.

첫 블록에 영국 〈타임〉지 헤드라인이었던 '은행권 긴급 구제 초읽기에 들어간 영국 재무장관'이라는 메시지를 남기자. 이 메시지는 영원한 비트코인의 상징으로 남을 것이다. 비트코인이 진정한 탈중앙 시스템으로 자리 잡도록 이제 나의 존재를 지워야겠다.

알쏭달쏭 생소한 암호화폐

비트코인 창시자를 생각하며 그가 썼을 법한 일기를 적어보았다. 그의 이름은 사토시 나카모토이지만 그가 누구인지는 아직도 정확히 밝혀지지 않았다. 나는 그가 혹시 외계인이나 신 같은 것은 아닐지 상상한 적이 있다. 비트코인은 블록체인 기술로 만든 최초의 가상화폐다. 정확히는 암호 기술을 사용하는 '암호화폐'라고 표현해야 맞다. 그가 누구든 최초의 메시지를 잊지 말자. 그리고 확실한 것은 우리가 이 의미심장한 블록체인 기술을 알아야 한다는 것이다.

앞의 내용처럼 블록체인 기술의 핵심 가치는 분산형 시스템이다. 비트코인은 수많은 해킹의 공격에도 10년 넘게 별탈 없이 유지되고 있다. 중앙이 없으니 누군가를 공격해도 소용없다. 해당 장부를 다른 사람도 보관하고 있기 때문이다. 다양한 합의(컨센서스) 방식으로 민주주의 이상을 추구한다. 또한 나라, 성별, 지위에 상관없이 인터넷에 접속만 할 수 있으면 거래가 가능하다.

블록체인 기술을 공부하기 시작했을 때는 나도 이해하기가 쉽지 않았다. 나는 중학교 때부터 프로그래밍을 했고, 한국에서 컴퓨터공학을 전공한 후 미국에서 가서도 컴퓨터공학을 공부했다. 그런데도 암호화폐에 관한 내용이 머리에 잘 들어오지 않았다. 장부를 어디에 기록한다는 건지, 채굴하는 사람들이 장부를 보관하면 어떤 비용이 주어지는 건지, 암호로 대체 뭘 푸는 건지…. 기초적인 것부터 이해가 되지 않으니 책을 아무리 읽어도 수박 겉핥기일 뿐이었다. 쉽게 설명한 책은 너무 간단하고, 이렇게 씌어 있는 책은 이해하기 어려웠다. 어쩌면 이게 암호화폐의 현주소인지도 모른다. 블록체인이라는 기술 자체가 매우 생소한 것이다.

그래서 개념을 하나하나 뜯어보며 설명을 직접 찾아봤다. 처음 어떻게 비트코인이 생겨났는지, 어떤 이유로 거래하는지, 채굴은 어떻게 하며 어떤 보상이 주어지는지, 받은 코인은 어떻게 사용하는지, 지갑은 어떻게 만드는지, 하나부터 열까지 샅샅이 뒤져 내가 원하는 정보를 하나씩 짜 맞추었다.

블록체인 기술의 장점과 단점

블록체인 기술의 장점은 뭘까? 일단 블록체인 기술은 중앙 화폐 시스템의 단점을 보완한다. 돈을 마구 찍어내 화를 자초한 나라가 있었다. 고대 로마는 인플레이션으로 화폐 가치가 급락하면서 정부가 신뢰를 잃었고 멸망의 길을 걸었다. 그러나 블록체인 기술은 중앙의 무능을 내버려두지 않는다. 권력을 분산시키며 개인이 참여하도록 유도한다.

또한 비트코인은 사용자의 지위나 능력을 따지지 않는다. 인터넷만 사용할 수 있으면 누구든지 쉽게 접근하고 이용할 수 있는 것이 큰 장점이다. 2017년 월드뱅크 보고서에 따르면, 전 세계 성인 중 31%, 약 17억 명이 은행을 이용하지 못한다. 이들은 대부분 개발도상국에 거주하고 중국과 인도에 상당수 분포되어 있다. 이들은 은행에서 요구하는 최소 입금액조차 없기 때문에 계좌도 없다. 개발도상국뿐 아니라 미국에서도 6.5%는 은행을 이용하지 않고 있다. 이러한 문제를 블록체인 기술이 해결할 수 있다.

비용 절감도 무시 못 한다. 금융 기관을 이용하면 이체나 결제 수수료를 내야 한다. 하지만 비트코인은 중앙이 없기에 이익을 챙길 주체가 없다. 물론 비트코인 사용자들도 검증자에게 수수료를 지불한다. 하지만 그 값은 유동적이며 매우 낮은 수준이다. 비트코인 채굴에 사용되는 에너지 소모 문제도 대두되고 있다. 하지만 오히려 이러한 에너지를 얻기 위해 태양광 사용 등 에너지를 얻는 방식이 진화할 것이라는 아크인베스트먼트 캐시 우드의 주장도 있다.

요즘 블록체인 기술은 다양하게 사용된다. '대체 불가능 토큰'이라 불리는 NFT는 복제가 불가능하다. 그렇기 때문에 NFT에는 예술품을 담아 거래한다. 2021년 4월 NFT 미술품인 마리 킴의 〈Missing and Found〉는 경매 시작가보다 11배 높은 6억 원에 낙찰되었다. 또한 가상현실인 메타버스에서는 암호화폐가 돈으로 사용된다. 2020년 스페이스 X의 유인 우주선이 게임 〈디센트럴랜드〉에서 발사되었으며 BTS 콘서트도 개최되었다. 디센트럴랜드에서 사용되는 돈인 마나(MANA)는 코인 거래소에서 쉽게 거래할 수 있다.

물론 비트코인을 결제 수단으로 쓰기에는 가격 변동이 심하다는 단점이 있다. 비자카드, 스타벅스 등 비트코인을 결제 수단으로 인정하는 대기업들이 하나둘 생겨나고 있지만 가격 변동성 때문에 여전히 투자자들은 가슴을 쓸어내린다. 또한 한 번 사용한 비트코인은 취소하기가 어렵다. 비트코인의 문제를 해결하려면 업데이트가 필요한데, 업데이트가 승인되기까지는 많은 사람의 결정을 기다려야 해서 시간이 걸린다. 이 과정은 고양이를 한 곳에 몰아가는 것만큼 힘든 일이라고《블록체인 혁명》의 저자 돈 탭스콧은 표현한다. 마지막으로 분산화 시스템이 블록체인의 핵심 기술인 데 반해, 실질적으로 큰 회사가 채굴에 집중적으로 비용을 투입하면서 중앙 집중화되는 것도 우려되고 있다.

먼저 공부하는 사람이 기회를 잡는다

엄마 I는 가상화폐가 도박이라는 말만 들었다. 그러다 tvN〈미래수업〉'암호화폐, 돈의 판도가 바뀐다' 방송을 봤다. 선입견이 있어 쉽지 않았지만 돈이 흐르는 곳에는 이유가 있다는 생각이 들어, 편견을 내려놓고 가상화폐 공부하기 시작했다. 주식처럼 공부하다 보면 이해할 수 있을 거라 생각했다. 그런데 책을 아무리 읽어도 머리에 들어오지 않고, 알면 알수록 더 헷갈리기만 했다. 아주 기초적인 책만 여러 권을 읽었다. 이해되고 될 때까지 다시 찾아보며 정리했다. 그렇게 공부가 누적되었고 이제는 가상화폐가 어떤 것인지 간단하게라도 설명할 수 있는 수준에 이르렀다. 블록체인을 사용하는 많은 콘텐츠를 직접 체험해보기도 했다. 이제는 가상화폐가 어떤 기술을 가지고 어떤 미래를 그리는지 이해하게 되었다.

공부한 걸 바탕으로 엄마 I 는 아는 만큼 투자 중이다.

엄마 I 는 앞으로의 여러분의 모습이다. 일단 블록체인 기술을 이해하고, 그다음 투자 여부를 판단하자. 정확히 안 다음에 비판해도 늦지 않다. 중요한 것은 블록체인은 새로운 산업을 육성하며, 그 흐름을 막을 수 없다는 것이다. 나는 주식을 빨리 공부해서 돈을 벌었다. 블록체인도 먼저 공부하는 사람에게 먼저 기회가 주어진다. 지금도 늦지 않았다.

[암호화폐 용어 핵심 정리]

- **암호화폐:** 블록체인 기술을 가지고 암호화되어 사용되는 화폐.
- **블록체인:** 은행이나 정부 등의 중앙 관리자 없이, 네트워크에 참여한 모든 사용자가 거래 내역을 분산 저장하는 데이터 분산 처리 기술. 데이터 블록을 체인처럼 연결했다고 해서 붙은 이름이다.
- **비트코인:** 2008년 사토시 나카모토라는 익명의 프로그래머가 블록체인 기술로 만든 온라인 암호화폐.
- **알트코인:** 비트코인 외의 코인.
- **채굴:** 암호화폐 거래 내역을 기록한 블록을 생성하고 그 대가로 암호화폐를 얻는 행위.
- **하드포크:** 기존의 암호화폐에서 새로운 암호화폐가 만

들어지는 것. 예를 들어 비트코인에서 더 빠르고 분산형 정도가 낮은 비트코인 캐시가 하드포크로 생성되었다.

- **작업증명:** 블록체인 기반의 새로운 데이터를 추가하기 위해 가장 먼저 암호를 푸는 사람에게 보상을 주는 형태(POW). 더 많은 코인을 가지고 있을 때 더 많은 권한이 주어지는 지분증명(POS)과 다른 개념.
- **컨센서스:** 의견 일치 시스템. 블록체인 분산 시스템에서 합의에 도달하기 위한 상호 검증 과정.
- **거버넌스:** 통치 시스템. 한 시스템의 규칙을 창조하고 폐기하고 업데이트하는 모든 과정.
- **메타버스:** 가상현실. Meta(추상의)+Universe(우주).
- **NTF:** 대체 불가 토큰. 복제가 불가능한 코인.

투자할 만한 코인
고르는 법

　　나는 주식 투자로 알려졌고 부동산에서도 좋은 성과를 낸 걸 아는 사람들은 알았다. 그런데 내가 암호화폐에도 오래전부터 투자했다고 하니 다들 놀라는 눈치였다. 거기에다 암호화폐에서도 높은 수익을 내니 놀라움을 넘어 신기해했다. 나는 우스갯소리로 돈 되는 곳에는 내가 있다고 말하기도 했다. 나는 다양한 방법으로 암호화폐를 검토하고 골랐는데, 무엇을 참고했는지 소개한다.

그레이스케일 포트폴리오 참고하기

암호화폐를 가늠하는 가장 쉬운 방법 중 하나는 그레이스케일 포트폴리오를 참고하는 것이다. 그레이스케일은 세계 최대 규모의 가상자산 회사로, 2013년 설립되어 10년 가까이 운영되고 있다. 그레이스케일의 코인 자산 규모는 50조 원에 이르며, 비트코인 보유 규모만 65만 개 이상이다. 2021년 7월 26일 현재 그레이스케일의 포트폴리오를 살펴보자.

비트코인, 이더리움, 이더리움클래식, 라이트코인, 비트코인캐시, 지캐시, 호라이젠, 스텔라루멘, 마나, 라이브피어, 체인링크, 파

출처: www.bybt.com(Grayscale Investments Holdings)

일, 베이직어텐션토큰 등이 나와 있다. 이 포트폴리오에 포함되었다면 적어도 사기는 아니라는 뜻이다. 배리 실버트는 2012년 비트코인과 이더리움이 저평가받던 시기부터 암호화폐를 매입했다. 가능성을 보고 시장에 뛰어들어 선구적으로 벤처회사를 설립했다. 가상자산 대표 투자회사인 그레이스케일은 그렇게 탄생했다. 그레이스케일의 CEO 배리 실버트의 안목을 많은 사람이 신뢰한다.

코인 등급 확인하기

플립사이드크립토(flipsidecrypto.com)에서 코인 등급을 확인할 수 있다. S등급을 받은 코인은 이더리움, 에이다, 다이, 체인링크, 유니스왑, 알고랜드 등이다. 또 A등급은 비트코인, 스텔라, 루나, 엘론

출처: www.bybt.com(Grayscale Investments Holdings)

드, 폴카닷, 디센트럴랜드, 트론, 도지코인, 이오스 등이다. 점수를 매기는 기준은 사용자 활동, 개발자 행동, 시장 성숙도 등이다. 내가 투자하려는 코인이 어떤 등급인지 확인해보자.

거래소 코인 정보 확인하기

코인 거래소에 가입하면 코인 정보를 상세히 볼 수 있다. 여기서는 업비트와 빗썸 위주로 설명하겠다.

먼저 거래되는 코인을 클릭하면 상단 탭에 '정보'가 나온다. 업비트에서는 암호화폐 보고서인 '백서'를 확인할 수 있다. 트위터 주소로도 연결된다. 참고로 나는 암호화폐에 투자하며 트위터를 다시 시작했다. 트위터에서 외국 기관과 리더들이 전해주는 뉴스를 확인한다. 암호화폐에 투자하면 이렇게 자연스럽게 영어 공부도 된다.

코인베이스의 거래 가능 암호화폐 참고하기

암호화폐를 고르는 또 다른 방법은 코인베이스 구매 가능 코인을 참고하는 것이다. 코인베이스는 미국 최대의 암호화폐 거래소로,

2012년 창립했으며 2021년에는 나스닥에 상장했다. 코인베이스 서버에 저장된 암호화폐에는 보험이 적용된다. 그렇다 보니 약 50개의 검증된 암호화폐만 거래 가능하다. 미국 사람들은 코인베이스를 편하고 안전한 거래소라고 인식한다.

코인베이스의 구매 가능 리스트에는 비트코인, 라이트코인, 비트코인캐시, 이더리움, 이더리움클래식, 에이다, 이오스, 체인링크, 폴카닷, 트론, 제로엑스, 스텔라루멘, 지캐시, 대시, 디센트럴랜드, 오미세고, 유니스왑, 파일코인, 스토리지, 엔진, 테더, 코스모스 등이 있다. 코인베이스에 직접 들어가 조회해봐도 되고, 인터넷 검색으로 알아볼 수도 있다.

계열별 대표 암호화폐 뽑아보기

암호화폐는 여러 계열로 나뉜다. 지불형(Payment), 플랫폼(Platform), 대체 불가능 토큰(NFT), 스테이블(Stable), 증권형(Security), 프라이버시(Privacy), 유틸리티(Utility), 중앙은행디지털화폐(CBDC) 등이다.

지불형은 쉽게 비트코인을 생각하면 되는데, 기존 화폐처럼 거래를 위해 개발된 것이다. 비트코인에서 파생된 비트코인캐시, 라이트코인 등도 같은 예다. 사람들이 잘 아는 도지코인도 지불형 코인이다. 도지코인은 라이트코인에서 하드포크(기존 블록체인에서 새로운 블록체인을 만드는 것)를 통해 생겨난 럭키코인을 다시 하드포크 한 것이다.

플랫폼 코인으로는 비트코인 다음으로 유명한 이더리움을 떠올리면 이해하기 쉽다. 플랫폼 코인은 플랫폼 안에서 다양한 서비스를 제공하고 사용한다. 예를 들어, 스마트 콘트랙트(smart contract), 대출, 예금, 보험 등 복잡한 금융 계약에 활용된다. 각종 앱을 만들어 운영할 수도 있다. 얼마 전 이슈가 된 엑시인피니티 역시 이더리움 기반의 블록체인 펫 게임이다.

대체 불가능 토큰(NFT)은 음악, 미술, 사진, 게임, 영상 등 디지털 예술품을 저장한다. 여기에 꼬리표를 붙여 작품 소유자와 거래 이력을 알 수 있다. 따라서 예전에는 이런 예술품이 인터넷에 마구 돌아다녔다면, 이제는 진짜를 구별해낼 수 있다. 앞서 설명한 엑시인피니티 등 캐릭터 수집 코인도 NFT 계열이다. 그 외에도 세타, 칠리즈, 디센트럴랜드, 엔진, 플로우 등이 있다.

스테이블 코인은 달러 등 기존 화폐와 연동되어 가치가 일정하게 유지된다. 암호화폐의 큰 가격 변동성을 보완하기 위해 개발되었다. 테더(USDT)가 대표적인데, 실제 테더 발행사는 발행량의 76%에 해당하는 현금성 자산을 보유하고 있다고 공개했다. 미국 달러와 연계한 유에스디코인(USDcoin) 역시 스테이블 코인이다. 일반 화폐보다 수수료가 낮고 빠르게 송금할 수 있다는 기술적 이점을 누린다. 미 달러와 연관되어 미국 정부가 예의주시하고 있다.

증권형 토큰은 주식 부동산 채권 미술품 등 다양한 자산을 토큰과 연계한 것이다. 예를 들어, 부동산에 연계한 증권형 토큰이 있다. 이를 쪼개 사면 해당 건물에 대한 지분을 인정받게 된다. 실물 자산과 연계되므로 규제 대상이 되기도 한다. 큰 자산을 분할 투자할 수 있다는 게 매력적이다.

프라이버시 코인은 이름이 남지 않는 익명성 코인이다. 범죄에 악용될 우려가 있어 '다크 코인'이라 불리기도 한다. 모네로, 지캐시, 대시 등이 있는데, N번방 사건에서 거론되어 우리나라에서 퇴출되기도 했다. http에서 https로의 흐름을 이해하면 프라이버시 코인의 가치를 알 수 있을 것이다.

유틸리티 토큰은 다른 코인 위에서 특정 용도로 사용하기 위해 개발된 것이다. 코인은 독립된 자체 블록체인 네트워크이지만 토큰은 그렇지 않다. 중앙은행 디지털 화폐(Central Bank Digital Currency, 이하 CBDC)는 정부가 발행하는 법정 디지털 화폐다. 우리나라를 비롯한 각국에서 CBDC를 준비하는 움직임을 보이고 있다. 얼마 전 한국은행이 CBDC 모의실험에 카카오 그라운드X를 선정했다는 발표가 나기도 했다.

여러 정보를 종합해 살펴보며 추려내면 투자할 만한 코인은 손에 꼽힌다. 어디서 어떻게 분류해도 늘 등장하는 코인들이 있다는 걸 잊지 말자. 이러한 나의 정보 검색 방법은 '안전'을 추구하는 성향에서 비롯된다. 어느 하나에 장점이 높은 코인 말고 다양한 관점에서 이리 보고 저리 봐도 괜찮아야 투자하는 것이다.

처음에 나는 가장 대표적인 비트코인과 이더리움에 투자했다. 그리고 2021년 올해, 포트폴리오를 바꾸면서 먼저 그레이스케일 포트폴리오를 살펴봤다. 해당 코인의 기술을 분석하고 등급을 확인하기도 했다. 거래소 정보와 백서를 확인했으며 코인베이스 리스트도 살폈다. 그리고 계열별로 가장 괜찮은 코인을 꼽아보았다. 이렇게 좋은 걸 추려내보라. 가장 효율적으로 암호화폐로 수익 내는 방법은 '좋은 걸 싸게 사서 비싸게 파는 것'이다. 이 불변의 법칙을 잊지 말자.

부자 엄마
암호화폐 투자의 기술

나는 도지코인을 오랫동안 눈여겨보고 있다. 실제로 도지코인을 69원에 사서 400원대에 팔아 7배의 수익을 냈다. 내가 샀을 때는 일론 머스크가 자꾸 도지코인을 거론히는 것이 심상치 않은 때였다. 친정엄마가 테슬라 광팬인데, 나는 테슬라 주식에 들어가기에는 늦었다고 판단했기에 도지코인에 투자해 반사이익을 얻고자 했다.

이렇게 매수한 뒤부터 분위기가 무르익더니 가격이 5배, 7배를 넘어갔다. 투자한 사람들 사이에서 분위기가 한껏 달아오르고 난리가 났다. 이때 수익 인증사진을 찍어 남겨두었다. 내가 인증사진을 찍을 때쯤이면 이제 슬슬 정리할 때라는 신호다. 사람들이 한창 취해 있을 때 나는 적당한 선에서 물러났다. 이후 도지는 신고가를 기록하다 추풍낙엽처럼 떨어졌다.

이후 도지는 #Dogedip(도지 폭락), #Dogecan(도지 할 수 있어) 등 수많은 해시태그를 낳으며 사람들 입에 오르내리고 있다. 일론 머스크는 트위터 프로필 사진을 바꿨는데, 자신이 쓴 선글라스에 도지코인의 마스코트인 시바견이 비치는 사진이었다. 나는 매도 후 계속 살피며 가격이 떨어졌을 때 다시 매수하다가 200원이 깨지는 시점에 더 담았다. 현재 나는 30만 도지코인을 보유하고 있다.

암호화폐의 리더들을 눈여겨보라

내가 도지코인을 눈여겨본 이유는 앞서 말했듯 일론 머스크를 중요한 인물로 보고 주목했기 때문이다. 그는 테슬라의 CEO로 수많은 사업을 성공궤도로 올려놓았다. 그는 사업가라기보다 기술자에 가깝고, 본인이 아스퍼거증후군에 걸렸다고 밝혔듯 사회성은 제로 수준이다. 도지코인 하락장에 사람들은 일론 머스크를 사기꾼이라는 둥, 차라리 말을 말라는 둥 폄하했다. 그런데 사실 도지코인은 일론 머스크가 언급한 덕분에 가격이 올랐다. 동시에 일론 머스크가 최대의 리스크이기도 하다. 좋든 싫든 일론 머스크는 도지코인 투자에 있어 중요한 요소다.

세상에 없던 기술이 나왔다. 암호화폐와 블록체인은 분산화 시스템으로 주목받았다. 사람들은 이게 진짜인지 가짜인지 혼란스러워한다. 탈중앙화를 지향하는 암호화폐에는 아이러니하게도 강력한 리더가 필요하다. 물론 그 리더는 자신만의 이익만을 원하는 것이 아니라 진실된 선택을 할 수 있는 사람이어야 할 것이다. 현재 그 리더들은 앞서 언급한 일론 머스크와 캐시 우드, 배리 실버트, 이더리움을 만든 비탈릭 부테린 등이다. 비탈릭 부테린은 이더리움, 배리 실버트는 이더리움 클래식과 블랙코인, 캐시 우드는 비트코인에 힘을 실었다. 이들의 행보는 암호화폐가 자리 잡기까지 중요한 영향을 끼칠 것으로 보인다.

오래 살아남을 암호화폐에 투자하라

많은 사람이 암호화폐와 블록체인에 대해 잘 모르고 어디에 투자해야 할지 어려워한다. 내가 앞서 그나마 기술적인 방법을 열거하긴 했지만 사실 암호화폐를 고르는 기준 자체가 불분명하다. 현실이 아닌 미래 가치로 이야기하기에 더욱 난해하다. 그런데 폭등과 폭락 규모는 상상 이상이다. 그래서 사람들은 차트로 많이 접근한다. 마구잡이로 날뛰는 망아지 같은 차트를 어떻게든 이성적으로 이해하려고 노력하는 것이다. 나는 암호화폐를 알려면 기술은 기본이고 정치, 역사 그리고 인문학을 알아야 한다고 강조한다.

먼저 돈의 역사를 알아야 한다. 로마의 흥망성쇠를 경제학적인 관점에서 보자. 서로마제국의 멸망은 고대와 중세를 가르는 중요한 분기점이다. 고대 로마는 초인플레이션에 시달렸다. 로마는 지속적으로 식민지 확장했고, 영토 확장에서 징수한 세금으로 또 군비를 댔다. 시민들에게는 오락을 제공하고 빵을 나누어주었다. 그러나 식민지 확장은 한계에 다다르고 사람들은 사치와 향락에 빠졌다. 황제들은 재원을 확보하기 위해 은화 데나리온의 은 함량을 줄이면서까지 더 많은 화폐를 발행한다.

그 결과 로마의 화폐가치는 하락하고 물가는 급격히 상승했다. 은화는 화폐의 기능을 상실한다. 처음에 은 함유량은 90% 이상이었으나 200년 후에는 4%로 감소했다. 은 함유량이 떨어지자 황제를 비롯한 시민들은 자국 화폐에 믿음을 잃었다. 황제마저 화폐가 아닌 현물로 세금을 납부하도록 했다. 이는 로마 전체의 생산성을 감소시켰고, 로마는 결국 멸망했다. 은화 데나리온은 그렇게 역사 속으로 사라졌다.

요즘의 물가 상승과 돈 가치 하락은 심상치 않다. 미국이 금본위제를 벗어나 돈을 풀기 시작한 걸 이미 망조로 보는 사람도 있다. 만약 기존 체제가 무너지고 새로운 세상이 펼쳐진다면 거기엔 새로운 결제 수단이 있을 것이다. 암호화폐가 다 망할 것이라고 말하는 사람도 있다. 현재 암호화폐가 너무 많다는 것은 나도 어느 정도는 동의하는 바다. 하지만 필요에 의해 대표적인 것들은 살아남을 것이다. 예전에 비트코인과 이더리움만 알 때가 편했다는 생각이 든다. 있으나 마나 한 코인들은 언제 어떻게 사라질지 모르니 그런 암호화폐에는 투자하지 말기 바란다.

그럼 어떤 암호화폐가 살아남을까? 내가 끝까지 살아남을 것이라고 보는 암호화폐는 다음 세 가지다.

1. 가장 상징적인 암호화폐
2. 가장 사랑받는 암호화폐
3. 가장 기술 좋은 암호화폐

가장 상징적인 암호화폐는 암호 자산의 가치를 끊임없이 부각할 것이다. 왜 암호화폐가 등장했는지, 그 정신은 무엇인지…. 지금도 가장 상징적인 비트코인이 무너지면 나른 임호회폐들도 무너지는 모습을 보인다. 암호화폐 시장이 살아나려면 상징적인 암호화폐가 살아야 한다.

가장 사랑받는 암호화폐는 대중들이 이미 광범위하게 사용해 되돌릴 수 없을 것이다. 암호화폐 기술은 어렵고 광범위하다. 하지만 대중들에게 사랑받는다면 많은 어려움을 쉽게 극복한다. 이런 암호화폐는 진짜 화폐가 될 가능성이 농후하다.

가장 기술 좋은 암호화폐는 사람들의 삶을 직접적으로 바꿀 것이다. 이런 암호화폐는 각종 관리 비용을 줄여줄 것이다. 정부 암호화폐인 CBDC와의 연계성도 높아질 것이다. 비슷한 기술을 사용한 조금 다른 암호화폐가 나와봤자 소용없다. 늘 선구자가 살아남는 법이다. 새로운 기술의 암호화폐가 등장하려면 기존의 것과 완전히 달라야 승산이 있다.

80%를 장기적으로 분산투자한다

나는 이렇게 끝까지 살아남을 거라고 보는 암호화폐들을 선택해, 투자금의 80%를 나누어 투자한다. 싸다고 생각될 때부터 장기로 보고 쭉 매집하는 것이다. 때에 따라 한 암호화폐에 집중할 때도 있다. 남은 20% 중 나머지 10%는 중단기로 접근해서 투자하고 10%는 현금으로 둔다. 나는 하락장에도 버티고 매수했으며, 최근 가격이 상승하며 더 높은 수익을 얻고 있다.

알게 모르게 세상이 달라지고 있다. 블록체인 기술이 등장하며 많은 것이 편해진다. 암호화폐는 블록체인 기술 발전에 필수불가결한 요소다. 세상이 어떻게 달라지는지 살펴보라. 우리는 변화의 한복판에서 부의 밧줄을 잡을 수 있는 축복받은 세대다.

암호화폐의 '기본'만 알아도
돈을 지킬 수 있다

　　타임머신이 존재한다면 뭘 하겠는가? 나는 과거로 돌아가 힘들고 어린 나를 꼭 안아주며 때를 기다리라고 말하겠다. 만약 미래로 간다면? 로또 번호를 미리 알고 와서 복권을 시면 어떨까? 상상만으로도 신난다.

　　그리고 또 하나, 미래에 잠깐 가서 암호화폐가 어떻게 되었는지 살펴보면 좋겠다. 특히 '어떤' 암호화폐를 사야 할지 볼 수 있다면 더할 나위 없겠다.

잃어도 되는 돈으로 투자하라

나름의 기준을 가지고 투자하고 있지만 암호화폐는 여전히 예측 불허의 시장이다. 결국엔 잘될 거라고 생각하지만 그 시기가 언제인지 가늠하기 어렵다. 또한 만일의 경우도 대비해야 한다. 예를 들어, 비트코인에서 최고와 최악의 상황을 생각해보자. 비트코인 가격이 올해 1억 원까지 올라가는 것이 최고의 상황이라 치자. 그럼 최악의 상황은 뭘까? 그 판단은 여러분 각자에게 맡기겠다. 앞서 투자란 리스크 관리라고 말한 것을 기억하는가? 단 1%의 위험이라도 있다면 안전장치를 걸어두어야 한다.

그래서 나는 암호화폐에 투자할 때 잃어도 마음 상하지 않을 돈으로 한다. 투자 경험이 좀 있는 사람이라면 자산의 1~2%를 추천한다. 예를 들어, 내 자산이 1억 원이라면 1백만 원 정도 경험 삼아 발 담글 수 있다. 물론 적정 비율은 사람마다 다를 것이다. 이렇게 리스크를 관리하면서 암호화폐를 매수하면 투기가 아닌 투자가 된다. 변동성이 심한 시장에서 마인드 컨트롤 하기도 쉬워진다.

암호화폐는 가격 변동이 심한데 가격 변동의 가장 큰 이유는 수요 불안정이다. 암호화폐는 2009년 1월 비트코인이라는 이름으로 세상에 처음 나왔다. 20년이 채 되지 않는 짧은 역사를 가지고 있는 데다 일반 사람들이 암호 기술을 이해하기란 쉽지 않다. 가치를 제대로 계산하기 어려운 것도 변동의 원인이 된다.

그래서 오죽하면, 암호화폐에 투자해보면 주식이 안전자산처럼 느껴진다고 말하기도 한다. 주식도 일희일비가 심한데 그 윗단계는 대체 어느 수준일까? 궁금하다면 만 원어치만 사서 종종 들여다보길 바란다. 부동산은 보통 레버리지를 활용하는데, 가격 변동이 적고 비교적 안전한 현물자산이라 가능하다. 하지만 가격 변동이 심한 암호화폐는 급한 돈으로는 투자하지 않는 것이 현명하다. 언제 어떻게 상황이 달라질지 모르기 때문이다.

지갑을 만들어 코인을 지켜라

2019년 5월 세계 최대 암호화폐 거래소 중 하나인 바이낸스에서 약 7,000비트코인을 분실했다. 해커가 피싱과 바이러스 공격 등 여러 방법을 동원하여 고객 정보에 접근해 빼간 것이다. 바이낸스는 안전자산 펀드로 손실분을 메꾸어 다행히 고객 자산에는 아무 영향이 없었다.

이처럼 거래소 해킹이 발생할 수 있다. 그러면 내 코인이 사라질 수 있다. 일부 거래소는 손실분에 대한 보상을 해주지만 모두 그런 것은 아니다. 이런 위험을 방지하려면 지갑을 만들어 코인을 저장해야 한다.

핫 지갑(Hot Wallet)은 인터넷 서버가 자산을 보관하는 것을 말한다. 거래소에 보관된 코인을 예로 들 수 있다. 콜드 지갑(Cold Wallet)은 하드웨어에 직접 보관하는 것이다. 컴퓨터, USB 혹은 휴대폰에 저장한다. '콜드'의 의미는 온라인에 연결되지 않았다는 뜻이다. 콜드 지갑에 보관하려면 암호화폐 지갑 프로그램이나 앱을 다운받아 사용하면 된다. 이처럼 콜드 지갑에 보관하면 출금이 번거롭다는 단점이 있지만 해킹에 상대적으로 안전하다. 그래서 과학기술정보통신부는 거래소 암호화폐의 70% 이상을 콜드 지갑에 보관할 것을 추천한다.

대중적이고 안전한 거래소를 골라라

앞서 거래소 해킹 사례에서 보듯 어떤 거래소를 사용하는지가 중요하다. 어떤 코인에 투자하는지에 따라 선택하는 거래소가 달라지기도 한다. 예를 들어, 업비트에는 클레이튼이 없기 때문에 클레이튼을 사려면 빗썸에 가입해야 한다. 거래소에 따라 안정성이 달라지므로 살펴보는 것이 좋다.

2021년 4월, 실명 계좌를 확보해야 지속적인 운영이 가능하다는 특금법(특정 금융거래정보의 보고 및 이용 등에 관한 법률)이 생기면서 문 닫는 거래소가 늘었다는 기사가 났다. 빗썸, 업비트, 코인원, 코빗 등은 은행과 실명 계좌를 연동해 영업한다. 2019년 코인제스트가 자금난으로 회원들의 자산 출금을 막은 사례도 있다. 따라서 가장 대표적이고 안전한 거래소에 가입하는 것이 안전하다.

전력량이 적은 암호화폐를 선호하라

암호화폐에 투자할 때는 환경문제도 짚어보아야 한다. 비트코인은 환경 파괴 주범이라는 논란에 직격탄을 맞았다. 비트코인 채굴 시 에너지 소모가 많다는 것이다. 비트코인은 수량이 한정되어 있어서 수량이 줄어들수록 채굴할 때 암호 풀기가 어려워진다. 그래서 고사양을 갖춘 수천 대의 컴퓨터를 쉬지 않고 돌리는 바람에 일부 나라는 잦은 정전으로 고생하기도 했다. 이에 글로벌 환경단체 그린피스는 비트코인으로 기부금을 수령하는 것을 중단한다고 발표했다.

환경문제는 간접적인 문제처럼 느껴질 수 있다. 하지만 요즘 환경이 파괴되며 인류는 많은 어려움을 겪고 있다. 미세먼지로 마스크를 쓰고 다니기 시작했고 코로나 사태까지 발생했다. 폭염이나 홍수 같이 기후변화로 인한 재해도 지구 곳곳에서 터지고 있다.

따라서 최근 채굴업자들은 친환경에너지를 사용하려고 노력하기 시작했다. 그래서 앞서 말했듯 캐시 우드는 암호화폐가 친환경에너지 발전을 더욱 앞당길 것이라고 언급하기도 했다. 우리도 암호화폐에 투자할 때 환경문제를 고려하자. 환경문제를 자각하는 좋은 암호화폐를 찾으면 된다.

암호화폐의 기본 정신을 잊지 마라

암호화폐의 가장 기본적인 가치는 분산형 시스템이다. 중앙의 역할을 여러 개인이 대신한다. 그런데 투자하다 보면 이런 분산형 시스템이 무색할 때가 있다. 예를 들어, 수량이 한정된 비트코인은 점점 채굴이 어려워진다. 암호 풀기가 어려워져 컴퓨터 한 대로 한 비트코인을 채굴하는 데 5년이 걸린다. 그래서 수천 대의 컴퓨터를 동원해 채굴한다. 그러다 보니 점점 더 규모가 큰 회사만 이 비트코인 채굴에 참여할 수 있게 되었다. 일론 머스크는 비트코인이 고도로 중앙화되어 있다고 비판하기도 했다.

이처럼 분산 시스템을 위해 등장한 비트코인이 본의 아니게 중앙화되는 경향이 있다. 다른 암호화폐도 마찬가지다. 암호화폐가 '돈'이 되면서 점점 더 그렇게 되었다. 그런데 사실 탈중앙화를 중요시하면 어디에 투자해야 할지 난감하다. 이상은 이상일 뿐 현실과 타협해야 할 때도 있다. 그럼에도 불구하고, 탈중앙화하려고 노력하는 코인인지 점검하라. 아예 타협한 코인을 찾는 것도 대안이다. 탈중앙화를 외치며 중앙화되어 있는 경우가 가장 나쁘다.

정보를 꾸준히 업데이트하라

이더리움이 8월 4일 '런던 하드포크'를 한다는 소식이다. 2022년 세레니티(이더리움 2.0) 업그레이드에 앞서 수수료 모델을 변경하는 것이다. 기존 사용자는 가스비(이더리움 채굴자가 거래 확인을 위해 필요한 컴퓨팅 파워량)를 많이 내면 거래가 빨리 처리되었다. 하지만 가스비 과열을 막기 위해 기본 가스비를 적용하기로 한 것이다. 대신 네트워크 과부하가 발생하면 추가 수수료를 내는 것으로 바뀐다. 이후 이더리움의 가격은 1주간 15% 상승했다.

이처럼 암호화폐는 불완전성을 극복하기 위해 꾸준히 스스로를 업그레이드하고 있다. 계속 더 좋은 코인도 나온다. 이런 발전 상황을 이해하면 투자에 도움이 된다. 암호화폐를 완전히 아는 것이 중요하다. 보유하는 코인의 뉴스를 꾸준히 듣고 따라가라.

지금까지 내가 언급한 사항들에 주의한다면 더 안전하고 즐거운 투자가 될 것이다. 위험을 감수할 수 있는 만큼 투자하라. 지갑을 만들어 코인을 보관하라. 대중적이고 안전한 거래소를 골라라. 환경문제를 고려하고, 탈중앙화의 탈을 쓴 부패된 중앙화를 주의하며, 꾸준히 정보를 업데이트하라. 자신의 확신과 그릇만큼 움직이는 것이 중요하다. 돌다리도 두들겨보며 가라. 그러면 여러분의 돈을 지킬 수 있을 것이다.

초보 코인 투자자가
가장 궁금해하는 7가지

코인을 처음 전송한 때가 떠오른다. 보내야 하는 지갑 링크를 복사해서 붙여넣었다. 손이 떨렸다. 내가 링크를 잘못 쓴 건 아닐까. 오류가 나서 제대로 도착하지 않으면 어쩌나. 보내다가 휴대폰이 다운되면 어떻게 하나. 확인 버튼을 눌렀다. 내 노파심과 달리 10분이 채 되지 않아 상대 계좌에 코인이 도착했다. 너무 쉽고 간단해서 놀랐다. 지금은 누워서 떡 먹기처럼 순식간에 한다. 뭐든지 처음이 어렵다. 그리고 백 번 공부하는 것보다 한 번 직접 해보는 것이 중요하다.

코인을 처음 시작하려는 사람이라면 궁금한 게 많을 것이다. 너무 궁금한데 아무도 제대로 알려주지 않는 아주 기초적인 사항들에 대해 알아보자.

코인과 블록체인은 대체 무슨 관계인가요?

코인과 블록체인의 연관성을 궁금해하는 사람이 많다. 코인을 사면 블록체인을 이용할 수 있다는 걸까?

얼마 전 배우 하정우가 그린 그림을 2,800만 원에 카톡 NFT 장터에서 경매한다는 기사가 났다. NFT 미술품 경매 플랫폼으로는 오픈시(OpenSea)가 유명하다. 오픈시에 미술품을 올려 경매를 진행하려면 이더리움이 필요하다. 그러므로 오픈시와 연동된 개인 지갑을 생성하고, 그 개인 지갑으로 이더리움을 보내면 가입하고 경매를 시작할 수 있다. 오픈시에 올라간 미술품은 파일코인 등에 저장된다. 낙찰된 사람은 암호화폐로 결제할 수도 있다.

이처럼 각종 블록체인 기술 문화 콘텐츠를 이용할 때도 코인이 필요하다. 가장 쉽게는 결제하는 데 코인이 사용된다. 또한 콘텐츠가 거래되게끔 저장과 교환을 하기 위해 알맞은 블록체인을 활용한다. 게임 머니가 암호화폐로 발행되기도 한다. 예를 들어, 디센트럴랜드라는 마나코인은 〈디센트럴랜드〉 게임에서 토지 구매에 사용된다. 옛날 옛적 싸이월드 도토리가 업그레이드되었다고 생각하면 쉽다.

단순 거래를 위한 코인의 대표는 비트코인이다. 채굴자는 새 거래 내역을 기존 체인에 연결해 새로 저장하고 보상을 번다. 즉 비트코인을 받는다. 발행된 비트코인은 또 거래된다. 그러면 또 새로운 거래 내역을 저장해야 한다. 이렇게 돌고 도는 순환의 원리다.

이처럼 암호화폐는 블록체인 기술에 필수불가결한 존재다. 암호화폐가 사용되면 될수록 블록체인 기술은 발전한다. 블록체인 기술이 발전하면 암호화폐도 더 널리 사용된다. 블록체인으로 암호화폐가 급등하냐, 암호화폐가 급등해서 블록체인이 뜨냐, 이는 닭이 먼저냐, 달걀이 먼저냐 같은 문제다.

가격이 왜 이렇게 오르락내리락하는 건가요?

가격이 불안정한 이유는 간단하다. 공급과 수요가 불안정하기 때문이다. 암호화폐가 무엇인지 사람들은 아직 잘 모른다. 공급도 들쭉날쭉하다. 실제 사용하는 사람들보다 일확천금을 바라며 매매에 집중하는 사람이 많은 것도 원인이 된다. 가치를 인정받고 제도권에 들어올 때까지 가격 불안정은 피하기 어려울 것이다.

모든 것은 시간이 해결한다. 암호화폐에 투자한다면 기다려라,

좋은 것을 사서 진득하니. 2009년에 처음 나온 비트코인은 7개월 만인 2010년 5월 22일 피자 두 판에 1만 비트코인으로 거래되었다. 당시의 1만 비트코인은 현재 시세로 약 3,000억이다. 암호화폐의 가치는 지금 아무도 정확하게 측정할 수 없다. 멀리 보라. 하지만 시장이 과열되면 비중은 조절해야 한다는 것을 잊지 마라.

가상화폐는 사기 아닌가요?

2021년 5월 일론 머스크가 미국 프로그램 〈SNL〉에 출연했다. 트위터 메시지로 암호화폐 시장을 들었다 났다 하던 그가 '도지코인은 사기'라는 콩트를 했다. 이후 급등을 뜻하는 '투 더 문(To the moon)'을 외치기도 했지만 시장의 반응은 영 아니올시다였다. 72.50센트로 급등했던 도지코인은 이날 30%까지 급락했다.

처음에는 암호화폐가 실존하지 않는 위험한 투자자산 같았다. '가상'이라는 단어가 쓰여서 더욱 그랬다. 그런데 이제는 조금 달라졌다. 비트코인은 해킹이 되지 않는다. 2009년 배포된 이후 12년간 수많은 해킹 시도에도 견고했다. 블록체인 기술은 문화적으로도 사람들에게 가까이 다가오고 있다. 우리 작은이모가 화가인데 NFT를 통한 미술품 경매를 알려드리고 싶다.

이론적인 건 뒤로하고 가장 중요한 건, 내가 직접 써보니 너무 편하다는 사실이다. 의심된다면 일단 코인을 구매하고 타인에게 보내보길 바란다. 본인의 하드웨어 지갑에도 전송해보자. 비트코인 마켓에도 가입해 구입해보라. 도대체 왜 암호화폐가 점점 더 많이 사용되고 발전하는지 직접 체험해봐야 안다. 바닥을 다지는 데는 시간이 걸리지만 한 번 변하면 순식간이다. 변한 다음에 알지 말고, 미리 겪어보고 움직이자.

나도 암호화폐를 채굴할 수 있나요?

'채굴'의 사전적 의미는 땅을 파서 광물을 캐내는 것이다. 그런데 암호화폐에서도 채굴이라는 말을 쓴다. 여기서 채굴이란 거래를 처리하기 위해 컴퓨터로 연산하는 것을 말한다. 그리고 그 대가로 암호화폐를 지급받는 것이다. 당연히 원한다면 채굴에 참여할 수 있다. 어떻게 참여할 수 있을까? 먼저 채굴 활동을 하는 컴퓨터를 산다. 수백만 원 대의 고성능 컴퓨터다. 24시간 가동하므로 1년 만에 수명이 다한다. 인기 많고 발행량이 제한적인 코인일수록 채굴 시 드는 비용이 높다. 목돈을 들여 푼돈 벌 수도 있으니 주의해야 한다.

요즘은 '스테이킹(staking)'이라는 기능으로 채굴하는 사례도 있다. 스테이킹은 예적금과 비슷한데, 보유한 코인의 일부를 임시 저장하는 것이다. 그러면 보상으로 코인이 나온다. 대표적인 예는 카르다노 에이다(ADA)다. 에이다 코인을 스테이킹하면 2021년 7월 현재 연 5%의 코인이 보상으로 지급된다. PoW(Power of Work)의 에너지 낭비 문제를 PoS 방식으로 해결하려는 움직임이다. 이더리움 2.0 업데이트에서도 이 방식이 거론되고 있다.

이처럼 컴퓨터를 구입해 직접 채굴에 참여할 수 있다. 또한 내가 가진 코인을 지분으로 채굴하는 방식도 존재한다. 초창기 코인일수록 채굴에서 얻는 수익이 클 것이다. 지금 암호화폐는 포화상태이지만 꾸준히 정보를 업데이트하자. 단 채굴을 수단으로 접근하는 사기꾼들은 조심하는 것이 좋다.

코인을 어디서 어떻게 사죠?

사람들이 잘 아는 코인을 매수하는 가장 대표적인 방법은 거래소에서 직접 매수하는 것이다. 비트코인이 3천만 원이라면 보통 "비싸서 못사요"라고 말한다. 그런데 코인은 소액 결제가 가능하다. 천 원, 백 원, 십 원 단위로 코인을 매수할 수 있다. 예를 들어, 비트코인은 소수점 8자리까지 분할 가능하다. 따라서 단돈 만 원으로도 코인을 매수할 수 있고, 개발도상국 등 돈의 가치가 낮은 나라들도 편하게 거래할 수 있다.

코인을 사는 절차는 이렇다. 먼저 믿을 만한 거래소에 가입한다. 우리나라는 업비트와 빗썸이 대표적이다. 백문이 불여일견, 작은 돈이라도 직접 매수해 경험해보는 것을 추천한다. 주식을 접해본 사람이라면 시장가, 고정가 등의 개념을 알 것이니 매수가 그리 어렵지 않다.

그리고 거래소를 통해서 사는 것뿐 아니라 개인 대 개인의 거래도 가능하다. 앞서 말했듯 나는 미국에 있는 가족의 생일에 선물로 코인을 보낸다. 중앙관리자를 벗어난 송금이 얼마나 편리한지, 암호화폐가 왜 필요한지 알게 될 것이다. 마지막으로 채굴도 암호화폐를 얻는 방법이라는 것을 잊지 말자.

CBDC가 등장하면 다른 코인은 망하는 건가요?

2021년 7월 21일 한국은행은 CBDC 실험에 그라운드 X를 채택했다. 그라운드 X는 우리가 잘 아는 카카오의 블록체인 전문 계열사인데, 카카오뱅크, 카카오페이, 컨센시스 등과 협업체를 구성한다는 소식이다. 미국의 대표적인 은행 뱅크오브아메리카는 암호화폐 전담 연구팀을 출범했다. 중국도 적극적이다. CBDC 발행에 대비해 시중 은행들이 발 빠르게 움직이기 시작했다. 자체적으로 연구하고 기존 암호화폐를 활용해 돈을 벌기도 한다. 기존 코인들은 이러한 CBDC의 움직임에 휴지 조각이 될까, 아니면 더 널리 쓰이게 될까?

기존 코인들은 CBDC보다 유용하고 대중적이라는 것을 증명해야 할 것이다. 하지만 반대로 CBDC 역시 다른 코인보다 낫다는 것을 증명해야 사람들이 이용할 것이다. 사실 CBDC의 등장은 정부가 암호화폐를 제도권화한다는 뜻이기도 하다. 처음에는 시장이 과열되다가 일부 정리될 것이다. CBDC보다 별로인 코인은 사라지겠지만 상징적이고 사랑받는 코인은 제도권화되어 신뢰를 더 얻을 것이다. 진짜를 찾아 투자하던지, 이도 저도 아니면 CBDC에 투자하는 것도 좋은 방법이다.

다시 한 번 강조하지만 단돈 만원이라도 직접 거래해보라. 단돈 천 원이라도 직접 보내보라. 내 지갑을 만들어 송금하라. 제발 단 한 번씩만 해보길 바란다. 그리고 한두 달 시장에서 직접 경험해보라. 궁금증이 다 풀린다. 비관론은 금물이다. 돌다리를 두들기되, 실행력이 받쳐주는 투자자가 돼라. 부의 여신이 미소 지을 것이다.

수익 내는 사람의
암호화폐 투자 따라 하기

2021년 5월 암호화폐가 급락하기 시작했다. 이전에 이미 암호화폐 시장이 과열되었다는 것을 느낀 적이 있다. 커피숍에서 일을 보는데 옆자리에 앉은 사람들이 코인 이야기를 하는 것이다. 나이가 지긋하고 딱 봐도 투자 지식이 많은 분이었는데 엿들으려고 하지 않아도 말소리가 들렸다. 대화 내용인즉슨, 어느 코인에 투자하면 돈이 되고, 어디에 돈을 보내면 채굴을 해준다는 것이었다. 그리고 얼마 지나지 않아 편의점에서 계산하려고 줄을 서 있는데 뒷사람들이 암호화폐 이야기를 하고 있었다. 어제 뭐가 떨어졌고 뭐가 올랐다는 이야기였다. 또 남편은 아파트 경비원이 휴대폰을 계속 보고 있었는데, 다름아닌 코인 거래 창이었다는 이야기를 전했다.

'암호화폐 투자가 대중의 손으로 넘어갔어. 이거 좋지 않은 신호인데. 곧 파티가 끝나려나.'

코인베이스가 2021년 4월 14일 나스닥 시장에 상장해 암호화폐가 월스트리트에 정식 입문했다. 가상의 자산으로만 생각되던 암호화폐에 대한 고정관념을 깨는 사건이었다. 코인베이스가 월스트리트에 입문하면서 다른 회사의 주가도 영향을 받기 시작했다. 하나가 무너지면 다른 것들도 도미노처럼 연결되기 때문이다. 또한 많은 회사가 암호화폐에 관심을 가지고 투자를 시작했다. 예를 들면 삼성전자도 플로우에 투자하고 있으며, 암호화폐 시장에 진출할 것이라는 기사가 났다. 암호화폐 시장이 무너지면 그 회사들의 주가도 움직이게 된다. 이제 월가는 암호화폐에 영향을 받게 됐다. 가장 큰돈이 움직이는 월가의 움직임은 정부 정책에 영향을 줄 수밖에 없다. 미국 연준이 함부로 암호화폐를 죽이면 경제에 문제가 생긴다. 나는 이제 게임이 달라졌다고 느꼈다.

이제 무너지는 게 두렵지 않았다. 어떤 사람들은 비트코인 반감기(비트코인 채굴량이 절반으로 줄어드는 시기로 4년마다 돌아오고 가격도 하락한다)가 시작된다고 했다. 경제위기가 올지 모른다고 걱정하기도 했다. 하지만 나는 어느 정도 무너지다가 제자리를 찾을 것으로 보았다. 관련된 기업이 많아져서 그냥 무너지게 두지 않을 거라고 생각했다. 이때 6만 달러까지 올라갔던 비트코인은 떨어져 3만 달러대에서 횡보했다. 코인 투자 유튜버의 방송을 들으며 믿고 버티는 사람도 많았다. 바닥이다, 아니다 말이 많았지만 나는 바닥으로 보이지 않았다. 아직 버티는 사람이 많았기 때문이다.

그런데 버티던 사람들이 하나둘 포기하고 떠나기 시작했다. 가격이 떨어질 때는 오히려 견뎠는데, 지지부진하니 희망고문에 지쳐 나가떨어지는 사람도 보였다. 조금씩 떨어지다 폭락이 다시 시작됐다. 버티고 또 버틴 사람마저 떠나는 듯했다. 불현듯 이런 생각이 들었다.

'지금부터 바닥을 찍고 이후부터 올라가겠구나. 부디 살살 지나가길.'

모두가 "No"를 외칠 때 움직일 줄 아는 사람

내가 운영하는 한국엄마공부코칭협회 카페를 통해 이 생각을 나누었다. 지금부터 바닥 구간이니 매수할 사람은 지금 들어가면 싸게 살 수 있겠으며, 기존에 가지고 있는 사람은 지금 팔면 '호구'된다는 내용이었다. 나 역시 이 구간에서 일정 비율 보유한 현금을 사용해 매수했다. 이때가 6월 22일 오전이었는데, 이날 저녁에 바로 비트코인 3만 달러가 깨졌다. 이후 비트코인은 바닥을 찍고 내 예상대로 반등하기 시작했다. 이 글을 쓰는 8월 초에는 4만 달러가 넘는다.

이러한 심리와 거품에 대해 잘 알려주는 이론이 있다. 장 폴 로드리그 박사의 '거품의 단계'다. 먼저 모든 사람이 외면하는 '잠행 구간'이 있다. 거기서 움직이는 건 현명한 투자자다. 모두가 "No"를 외칠 때 움직일 줄 아는, 투자를 제대로 공부한 사람이다. 이후 '가격 도약(상승)'이 일어난다. 최근 가격 상승의 요인은 아마존의 암호화폐 전문가 모집 공고에 대한 기사였다. 기자들은 이를 확대해 아마존이 올해 비트코인 결제를 승인할 것이라는 오보를 퍼뜨

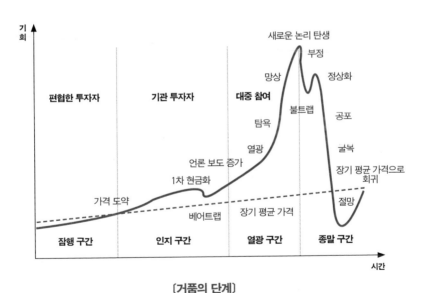

〔거품의 단계〕

렸다. 이에 지지부진하던 암호화폐 가격은 하루 20% 이상 급등했다. 그러나 아마존이 사실무근이라는 정정 기사를 내보내며 다시 제자리로 돌아왔다.

그런데 가격이 상승한 이유는 그 기사 때문만은 아니었다. 기존 7월 21일 캐시 우드와 잭 도시, 일론 머스크가 B 워드(The B Word) 컨퍼런스에서 비트코인 관련 토론을 했었다. 일론 머스크는 자신도 현재 비트코인을 보유하고 있으며 테슬라에 다시 암호화폐 결제를 채택할 수 있다는 가능성을 내비쳤다. 이전에 비트코인의 환경문제로 테슬라 결제에서 빼버렸고, 이로 인한 시장의 움직임이 있었다. 이외에도 암호화폐 결제가 각종 회사에 채택되는 등 바닥 다지기를 하고 있었다. 이미 가격 상승을 위한 많은 준비가 된 상황이었고 단지 아마존의 언급이 불을 붙인 것이다.

현명한 투자자의 암호화폐 투자

이 일을 계기로 암호화폐는 다시 상승하기 시작했다. 그래프에서 보는 것처럼 '인지 구간'으로 보인다. 기관 투자자가 다시 들어오고 보도가 늘어난다. 이때 일찍 진입한 현명한 투자자가 수익을 실현하는 조정이 살짝 올 수 있다. 본 게임은 그때부터 시작된다. 대중이 들어오기 시작하는 것이다. 그러면 가격이 다시 상승한다. 내가 도입부에 이야기한 것처럼 주변에서 너 나 할 것 없이 암호화폐를 이야기하는 때가 온다. 그러면 가치가 꼭대기에 있을 때 '새로운 이론'이 생긴다. 그건 대체 뭘까?

이전 상승기에는 '코인베이스 주식 상장'이 새로운 이론이었다고 나는 생각한다. 가상의 암호화폐가 월스트리트에 입문해 제도권화되는 실질적 자산이 된 것이다. 이전 2018년에는 기관투자자가 암호화폐 투자를 시작한 것이 새로운 이론이었을 것이다. 암호화폐에 투자해야 한다는 인식조차 없었을 때이기 때문이다. 이렇게 불안 요소를 해소하고 대중에 힘을 실어 상황을 전환하는 좋은 소식은 거의 꼭대기일 수 있으니 잘 살피며 조심해야 한다. 상승기일 때 나는 유력한 새로운 이론 중 하나로 비트코인 ETF 승인을 생각한다. 현재 미국 연준은 이런저런 이유를 대며 비트코인 ETF를 승인하지 않고 있다. 혹은 SEC에 소송당한 리플에 좋은 소식이 있을 수도 있다. 무엇이 되었든 그 즈음은 이후 더 급상승할 수도 있지만 여기부터는 '열광(고점) 구간'이 되니 안전을 원한다면 빠져나가야 한다.

이처럼 새로운 기술은 파도를 거듭하며 새로운 이론을 만들어낸다. 그리고 점진적으로 흡수되어 제도화된다. 어디에서 매수하고 매도해야 할지 감이 잡히는가? 현명한 투자자가 돼라. 그리고 박수 칠 때 떠나라. 여기까지 읽었다면 당신은 매우 행운아다. 거품과 대중에 휩쓸리지 않는 부자 엄마가 될 것이다.

부자 엄마는 결국
사람 부자다

'돈'

　나는 아직도 돈을 생각하면 눈물이 난다. 돈은 나에게 많은 아픔을 가져다준 존재다. 나는 사실 돈 자체를 바란 적은 없다. 돈으로 내가 갖고 싶은 것들을 사서 누리고 싶었다. 문방구에서 파는 예쁜 필통, 집에 가는 길 분식집에서 먹는 떡꼬치, 돈 걱정 없이 단란한 가족.

　내 삶은 좋아졌다. 돈 문제가 풀리며 많은 문제가 거짓말처럼 하나씩 풀렸다. 그런데도 내 마음속에 남아 아직도 나를 아프게 한다. 결국 나를 아프게 한 것은 돈이 아니었는지도 모른다. 돈을 둘

러싼 사람들의 갈등, 돈이 가르는 강한 자와 약한 자…. 그 중심엔 늘 사람이 있었다.

나는 사람이 싫었다. 어린 시절 부모님이 나를 사랑한다고 느껴본 적이 없었다. 사람들의 거짓과 위선에 진절머리가 났다. 동물을 괴롭히고 환경을 파괴하는 것도 고통스러웠다. 하지만 나도 결국 인간이라는 사실에 딜레마를 느꼈다. 아이를 낳고서야 사람이라는 존재를 진정으로 사랑할 수 있게 된 것 같다.

돈은 인간의 가장 기초적인 욕구를 드러내는 매개체다. 돈의 움직임을 보면 사람의 속마음을 안다. 또한 금전 상황을 보면 그 사람의 상태를 알 수 있다. 경제적으로 누군가에게 의지하고 있다면 분명히 정신적으로도 독립하지 못한 것이다. 스스로 돈을 버는 능력이 없으면 자신감마저 떨어진다. 돈과 사람은 너무나 밀접한 관계다.

'돈 때문에 힘들다'는 생각이 든다면 당신은 지금 사람 때문에 힘든 것이다. 모든 돈은 사람과 연관되어 있다. 당신을 돈 없게 만드는 사람이 누군가? 돈을 잃거나 못 버는 사람은 누군가? 그 사람은 가족일 수도, 혹은 본인일 수도 있다. 돈을 벌려면 사람이 변해야 한다.

일단 나부터 바로서자. 그러면 남편, 친정, 시댁 모두 순차적으로 영향을 받게 된다.

모든 사람은 일한 만큼 벌고, 버는 만큼 투자해 부를 이뤄야 마땅하다. 나는 1인 1부가 앞으로 인류의 진화 방향이라고 생각한다. 사람들은 노동에서 해방되고 점점 더 똑똑해질 것이다. 돈으로 돈을 벌며 즐거움을 위해 일할 것이다. 자신이 진짜 하고 싶은 일을 하며, 그로 인해 오히려 더욱 부를 이룰 것이다. 1인 창업가들이 많아지고 각자 경제적 자유를 이룰 것이다. 금전적 부유함이 정신적 부유함으로 이어질 것이다.

그러면 세상의 많은 문제가 해결될 것이다. 화목한 가정이 늘어나고, 아동 권리가 보장받고, 노인 방치도 해결될 것이다. 유기농을 소비해 동물복지가 자연스럽게 이뤄질 것이다. 자연을 더욱 벗삼아 살게 될 것이다. 그날이 오기를 간절히 바란다.

나는 그래서 평생 외면하고 싶었던 존재와 대면한다. 용기를 내서 글을 쓰고 목소리를 낸다. 사람이 성장해야 돈 문제가 해결된다고, 돈 문제가 해결되면 사람도 성장한다고, 그 둘은 너무나 밀접한 관계라고.

'사람'

'돈'이라 쓰고 '사람'이라 읽겠다. '부자 엄마'란 달리 말해 '사람 부자'다. 나부터 괜찮은 사람이 되어라. 그리고 하나씩 바꾸어나가자. 이미 엄마를 사랑하고 존경하는 아이들이 있다면, 이제 움직일 때다.

우리 남편과 헬렌, 크리스, 반려견 깨비, 어릴 때 같이 고생한 대호를 비롯한 친정과 시댁 식구들, 가족 같은 나겸, 유솜, 경은, 미선을 포함한 친구와 언니들, 한국책쓰기코칭협회 김도사님, 권대표님, 한국엄마공부코칭협회 식구들, 모두 사랑하고 감사합니다.

KI신서 9882

나는 부자 엄마가 되기로 했다

1판 1쇄 발행 2021년 8월 27일
1판 2쇄 발행 2024년 9월 2일

지은이 엄지언
펴낸이 김영곤
펴낸곳 ㈜북이십일 21세기북스

인생명강팀장 윤서진 **인생명강팀** 박강민 유현기 황보주향 심세미 이수진
디자인 霖design 김희림
출판마케팅영업본부장 한충희
마케팅2팀 나은경 한경화
출판영업팀 최명열 김다운 김도연 권채영
제작팀 이영민 권경민

출판등록 2000년 5월 6일 제406-2003-061호
주소 (10881) 경기도 파주시 회동길 201 (문발동)
대표전화 031-955-2100 **팩스** 031-955-2151 **이메일** book21@book21.co.kr

(주)북이십일 경계를 허무는 콘텐츠 리더

21세기북스 채널에서 도서 정보와 다양한 영상자료, 이벤트를 만나세요!
페이스북 facebook.com/jiinpill21   포스트 post.naver.com/21c_editors
인스타그램 instagram.com/jiinpill21   홈페이지 www.book21.com
유튜브 youtube.com/book21pub

서울대 가지 않아도 들을 수 있는 명강의! 〈서가명강〉
'서가명강'에서는 〈서가명강〉과 〈인생명강〉을 함께 만날 수 있습니다.
유튜브, 네이버, 팟캐스트에서 '서가명강'을 검색해보세요!

ⓒ 엄지언, 2021
ISBN 978-89-509-9725-0 03320